AF177120

HUFSPUREN

CHRISTA LUDWIG

Der Himmel auf Pferden

HUFSPUREN 6

CHRISTA LUDWIG

Der Himmel auf Pferden

VERLAG FREIES GEISTESLEBEN

Mit einem *Mini-Lexikon der Pferdefachsprache* am Ende des Buches

1. Auflage 2010

Verlag Freies Geistesleben
Landhausstraße 82, 70190 Stuttgart
Internet: www.geistesleben.com

ISBN 978-3-7725-2366-3

© 2010 Verlag Freies Geistesleben
& Urachhaus GmbH, Stuttgart
Umschlag & Gestaltungskonzept: Maria A. Kafitz
Satz: Bianca Bonfert
Fotos: Wolfgang Schmidt
Druck: CPI – Clausen & Bosse, Leck

Der Himmel auf Pferden

Wenn noch einer von den Jungs so einen fetten Klumpen da drauflegt, dachte Theres, dann bricht das ganze Ding zusammen.

Inzwischen konnten sie ihren Klassenlehrer kaum noch sehen. Einzeln, nacheinander waren sie wortlos in der vollkommen stillen Klasse nach vorn gegangen und hatten Taggy ein mehr oder weniger ordentlich eingewickeltes Päckchen auf das Pult gelegt. Die stapelten sich nun und bildeten eine Mauer, nur noch überragt von Taggys grauschwarzen Haaren. Und die Mauer schwankte schon ziemlich, als Lucca noch einen schweren Gegenstand obenauf legte. Es war ein unförmiges Ding, eingewickelt in schon mehrfach verwendetes Geschenkpapier mit den Abrissspuren vom Tesafilm des letzten Benutzers.

Was hat er da drin?, dachte Theres. Seine Mini-Kanone, mit der er im letzten Herbst hier geschossen und die Luft verpestet hat? In dem Herbst, in dem sie ein Pferd bekommen und verloren hatte.

Viel hatte sich seitdem geändert. Aber neben ihr saß immer noch Alberta. Und noch immer hatte die ihren Bauch in zu enge Jeans gequetscht, nur dass diese Jeans jetzt eine Nummer kleiner waren.

Wenn die weiter so abnimmt, dachte Theres, passen ihr bald meine Hosen.

Aber das war natürlich Unsinn. So lang und dünn wie Theres würde Alberta niemals werden.

Da krachte es. Nicht Luccas Kanone war explodiert. Nur die wacklig gestapelte Geschenkemauer war zusammengebrochen. Die Päckchen rutschten und kullerten über das Pult, fielen hinunter, rollten am Boden, etwas klirrte. Alle sprangen gleichzeitig auf, stürzten nach vorn, und endlich war es auch in der 8c so laut und turbulent wie in allen anderen Klassen. Denn überall wurde gefeiert. Letzte Stunde des letzten Schultages vor den Ferien! Den SOMMERferien! Allerhöchstes Feiergebot des gesamten Schuljahres! Nur in der 8c hatten sie bis jetzt wortlos und reglos gesessen. Letzte Stunde bei Taggy. Er war der Lieblingslehrer der ganzen Schule. Alle anderen Klassen hatten die 8c beneidet, weil er sie in zwei Fächern unterrichtete. Das war nun vorbei. Zum Abschied, so hatten sie beschlossen, sollte ihm jeder ein persönliches Geschenk überreichen. Nun krochen sie auf dem Boden herum, versuchten die eigenen Päckchen zu finden, um sie Taggy noch einmal zu geben. Der war schon ganz bunt von dem vielen Geschenkpapier in knalligen Farben, das an ihm hing – Nikoläuse waren auch darauf. Da tönte der Schulgong und viele mussten zum Bus.

«Tschüss!» und «Schöne Ferien!» und «Kommen Sie wenigstens mal zur Vertretung zu uns!» und «Ich mache jetzt alle zehn Wörter ein Komma!», versprach Tobi. «Mindestens!», steigerte Lucca.

Jana, Theres und Alberta waren mit den Rädern da. Sie hatten Zeit.

«Herr Taggert!», rief Jana und hob einen Umschlag vom Boden auf. «Das fehlt noch. Ist von uns. Aber nur ein Zusatzgeschenk von uns dreien.»

«Ah», sagte er, «dann wird wohl ein Pferd drin sein.»

«Wollen Sie es sehen?»

Sofort riss Jana den Umschlag auf, zog eine Postkarte und drei bunte Papiere heraus. Auf der Karte war tatsächlich ein Pferd. Ein schwebend trabender Schimmel mit fliegender Mähne. Und über ihm stand: *Der Himmel auf Pferden.*

«Schönes Foto», sagte Taggy.

«Hat mein Vater gemacht», erklärte Jana. «Und das Pferd ist ein Araberhengst. El Sham. Aber das Wichtigste ist das!»

Sie schwenkte die bunten Papiere vor Taggys Nase.

«Für Sie und Ihre Frau und Ihre Tochter!», verkündete sie.

«Reitkarten?», vermutete er und sah nicht glücklich dabei aus. «Sollen wir zu dritt auf diesem Araber reiten?»

«Nein! Etwas ganz anderes! Bis jetzt wissen nur wir, na ja, und unsere ganze Truppe, was *Der Himmel auf Pferden* ist. In 14 Tagen wissen es alle. Noch ist es ein Geheimnis. Wir erzählen es nur Ihnen.»

Das taten sie. Sie erzählten ihm fast die ganze Geschichte, wie es zu dem *Himmel auf Pferden* gekommen war. Dabei sprach Jana immer, Alberta oft, und manchmal sagte auch Theres etwas. Sie verrieten viel zu viel. Wenn Isa das wüsste! Sie wollte nicht an die Öffentlichkeit, bevor wirklich sicher war, ob Theres das mit dem goldenen Berber schaffen würde. Außerdem brachten sie vieles durcheinander. So kann man keine Geschichten erzählen. Man sollte schon da anfangen, wo es anfängt. Und diese Geschichte begann vor knapp zwei Monaten an jenem Nachmittag, an dem Jana entsetzt in den Spiegel schaute und sagte:

BERNSTEIN HINTER GLAS

1

«Ich sehe bescheuert aus!»

Sie hatte ihren Kleiderschrank geöffnet. Auf der Innenseite der Tür war der einzige Spiegel in ihrem Zimmer. Sie starrte in ihre eigenen Augen. Die Bernsteinaugen. Hellbraun, goldbraun wie dunkler Honig. Und sie dachte: Was wird David dazu sagen?

Bin ich jetzt komplett durchgeknallt!?!, rief sie sich zurück. Ist jetzt nur noch wichtig, was irgendein Junge dazu sagt?!? Nein! Natürlich nicht. David war nicht irgendein Junge. David war … er war … warum zögerte sie immer noch, den Satz weiterzudenken? Es war doch inzwischen völlig klar, was David für sie war. Er war … er war der Junge, der ihre

Augen «Bernstein» genannt hatte. Der sie verglichen hatte mit seiner Stute Daffodils' Morningcry mit der seltenen Farbe Amber Champagne, Bernstein, Gold des Meeres.

Alles vorbei! Alles kaputt!

Mit ihren Augen hatte alles angefangen. Würde nun mit den Augen alles aufhören?

Quatsch!, dachte sie. Wenn er mich so nicht mehr mag, dann … dann soll er eben …

Aber David blickte selber aus den merkwürdigsten Augen in diese Welt. Einfach grau waren die und trotzdem so bunt wie ein Regenbogen. Konnte ein Junge wie David verglaste Bernsteinaugen mögen? Die unterschieden sich doch von ihrem gewohnten scheibenlosen Blick wie lasche Gewächshauspflanzen von würzigen Freilandtomaten, gewachsen in Wind und Sonne.

Jana bekam ihre Brille in derselben Woche, in der Theres ihre Zahnspange endgültig loswurde.

«Die Frage ist, wozu Augen nun eigentlich da sind. Zum Sehen oder zum Aussehen?»

Das hatte ihr Vater gesagt. Der trug selber eine Brille, was Jana nie gestört hatte. Es war ihr kaum bewusst. Sie kannte ihn nicht anders. Aber ihre eigene, nun eigene Brille …

Sie knallte die Schranktüren zu. Und in dem Moment, als sie ihr Spiegelbild nicht mehr wütend anstarrte, als es rasch an ihr vorbeiflog und mit lautem Knall ins Türschloss krachte – in dem Moment sah Jana ihr neues Gesicht. Noch immer dieselben kinnlangen dunklen Haare. Noch immer dasselbe meist neugierig, jetzt wütend etwas vorgeschobene Kinn. Und diese kleine randlose Brille. Eigentlich ganz interessant. Sie schaute verblüfft auf den geschlossenen Schrank.

Aber an der Außenseite war kein Spiegel. Sollte sie den Schrank noch einmal öffnen? Die Reithose lag schon auf ihrem Stuhl. Das rote T-Shirt konnte sie einfach anbehalten. Nein, der Schrank konnte geschlossen bleiben. Mit diesem Bild, Spiegelbild, das so rasch an ihr vorbeigeflogen war, würde sie jetzt gehen.

Sie fuhr mit dem Rad zum Ulmenhof und hoffte, dass Bettina mit ihren Reitschülern ausgeritten war. Zuerst lieber nur den Pferden begegnen. Fantasy hatte bestimmt nichts gegen eine Jana mit Brille. Und sie hatte Glück. Der Reitplatz war leer. Die Leute mit eigenen Pferden kamen immer erst später. An der Putzwand hingen die Halfter der Schulpferde. Jana sattelte Fantasy. Sie hatte die schwarze Halbblutstute als Reitbeteiligung. Aber Andreas, dem das Pferd gehörte, hatte schon vermutet: «Wirst sie wohl nicht lange haben wollen. Denke, du steigst um in den Westernsattel.»

Weggehen vom Ulmenhof und Bettina? Hin zu David und den Westernpferden? Jana streichelte Fantasys schwarze Stirn. Sie hatte die Stute gern. Mehr nicht. Der Riss, der in ihr aufgebrochen war, als sie vor fast einem Jahr ihren alten Askan verlor, war immer noch nicht wieder geschlossen.

Sie ritt zum Rappenhof. Da mussten Theres, Alberta und Felix sein. Zunächst mit dem neuen Gesicht zu den alten Freunden. Dann zu David. Ihre alten Freunde wussten von der Brille. David hatte sie nichts erzählt.

Auf dem Rappenhof warteten drei Sensationen auf sie. Das heißt, es war eigentlich nur eine, aber die begriff sie in drei Stufen und jede davon war eine Sensation für sich. Erstens: Auf dem Putzplatz vom Rappenhof stand ein Junge. Nicht Felix. Ein anderer Junge. Sensation! Zweitens: Er hielt eine

Pferdebürste in der Hand. Das war also nicht ein älterer Bruder, der seine Schwester mit dem Moped zum Reiten gebracht hatte. Der putzte ein Pferd. Sensation!! Drittens: Er bürstete eine lange silberhelle Mähne, die über dunklem Fell lag. Hrimfaxi oder Vindfaxi, einer der beiden windfarbenen Isländer. Nein, nicht ‹oder›! Das war Theres' Hrimi! Denn die stand auf der anderen Seite des Ponys und zupfte ihm einen Rest Winterpelz von der Kruppe. Dieser Junge war mit Theres gekommen. Sensation!!!

Barana sprang kläffend um Fantasy. Doch die nervige Halbblutstute regte sich nicht mehr darüber auf. Zu gut kannte sie inzwischen Theres' rote ungarische Jagdhündin. Die beiden Freundinnen sahen sich an: Jana verblüfft, Theres verlegen. Hektisch leckte ihre Zunge über die oberen Schneidezähne, wo vorgestern noch die Zahnspange gewesen war.

«Hi», sagte sie. Und nach einer kleinen Pause: «Ah, das ist die Brille. Ist doch gar nicht so schlimm.»

Brille? Ach so. Hatte Jana total vergessen.

«Hi», sagte auch der Junge. «Was soll daran schlimm sein?»

«Das ist Sebastian», erklärte Theres.

Richtig. Jana kannte ihn. Er war eine Klasse über ihnen, aber nicht in der von Felix.

«Wir dürfen ausreiten», sagte Theres.

«Kannst du reiten?», fragte Jana verwundert.

«Noch nicht», meinte Sebastian. «Theres zeigt mir, wie es geht.»

‹… zeigt mir, wie es geht …!› Der hatte vom Reiten also keine Ahnung!

Jana sprang von Fantasy und lockerte den Sattelgurt.

Dieser Sebastian war einer von denen, die glaubten, es müsse ihnen nur jemand zeigen, welche Hebel man umlegen und welche Knöpfe man drücken musste, und dann würde das Pferd funktionieren wie eines von ihren Maschinchen.

Alberta kam aus dem Stall. Sie führte zwei Ponys am Halfter, eines davon war ihre geliebte Hamingja.

«Hi, Jana», sagte sie, und jetzt wartete Jana auf das ‹Ah, das ist die Brille›. Aber das kam nicht. Alberta band die beiden Stuten an. Die isabellfarbene war klein und zart, die gescheckte für einen Isländer sehr groß. Theres legte den Sattel auf Hrimfaxis Rücken und schob ihn in die richtige Lage.

«Sattelgurt nur in das erste Loch», wies sie ihren neuen Reitschüler an. «Nicht festziehen.»

Jana führte Fantasy zum Rand der kleinen Weide neben dem Putzplatz und ließ sie grasen. Noch immer verwundert schaute sie zu, wie Theres und Sebastian den windfarbenen Isländer auftrensten. Genauer: es war Theres, die dem Pony das Trensengebiss ins Maul schob. Sebastians Finger störten eigentlich nur, als sie den Lederriemen über Hrimis dunkle Ohren in den Wust seiner hellen Mähne schob. Es war aber nett, wie sie störten. Er schaffte es, zugleich die Ponyohren zu kraulen und über Theres' lange schmale Finger zu streichen. Der ist schon okay, dachte Jana. Hätte sie mir doch sagen können, dass sie jetzt einen Sebastian hat.

«Was habt ihr vor?», fragte Alberta. «Soll Sebastian neben Hrimi rennen? Da muss er schnell sein.»

«Ich bin schnell», behauptete Sebastian. «Ich spiele Basketball. Für mich ist das Ausdauertraining.»

«Ich reite nicht die ganze Strecke», sagte Theres.

«Genau», nickte Sebastian, «dann darf ich. Kriege ich heute die Zügel?»

Alberta und Jana grinsten sich an. Todsicher durfte der heute noch keine Zügel anfassen!

Theres wollte aufsitzen.

«Ich hab den Gurt noch nicht fest», sagte sie. «Du musst mir gegenhalten.»

«Was?»

Sebastian hatte keine Ahnung, was er tun sollte.

«Den Steigbügelriemen halten. Auf der anderen Seite.»

Sebastian schaute hilflos über das gesattelte Pony.

«Das Metallding da», half Alberta, «das heißt Steigbügel. Du sollst an den Riemen ziehen, wo der dranhängt. Damit der Sattel nicht rutscht, wenn sie aufsteigt.»

Klare Anweisung. Er hatte verstanden. Und er schaffte es auch, Theres beim Nachgurten zu helfen. Barana war schon vorausgelaufen und die drei folgten ihr. Ohne Jana zu fragen, ob sie mitkommen wollte. Aber das fand sie völlig in Ordnung.

«Seit wann hat sie einen Sebastian?», fragte sie Alberta.

«Keine Ahnung. Mir hat sie auch nichts erzählt. Er war schon mal hier. Sie hat ihn auf Hrimi im Schritt geführt. Er saß sofort gut auf dem Pony. Würde das lernen. Aber ich glaube nicht, dass er es wirklich will. Gehst du ein Stück mit mir? Schätze, du reitest zu David. Die Brille ist super!»

Die beiden führten ihre Pferde über den Feldweg zum Wald. Hamingja und Ljosadis waren die beiden Stuten, die im Winter mit schlimm vernachlässigten Hufen auf den Rappenhof gekommen waren.[1] Sie wurden bis jetzt wenig geritten, aber sie sollten viel laufen.

1 Diese Geschichte wird in *Hufspuren,* Band 4 erzählt.

«Glaubst du, dass ich übrig bleibe?», fragte Alberta.

«Wieso übrig bleiben?»

«Felix ist mit Christina zusammen. Du hast David. Theres jetzt diesen Sebastian. Und ich bleibe übrig. Weil ich Kirgisenaugen habe? Oder weil ich so fett bin?»

«Hör auf zu spinnen!», wies Jana sie zurück. «Du bist kein bisschen fett. Und deine Kirgisenaugen sind nur schön.»

Albertas schwarze, ein wenig schräg stehende Augen waren ein Erbe ihrer asiatischen Großmutter. Sie war erst vor wenigen Jahren mit ihren Eltern und Geschwistern aus Kasachstan gekommen, eine – fast – deutsche Aussiedler-familie.

«Aber warum bleibe ich dann übrig?», beharrte Alberta. «Schließlich bin ich die Älteste von uns dreien.»

«Ja, hm …», Jana blieb stehen, dachte nach, grinste. «Aus den Flecken auf Hamingjas Fell», begann sie mit hohler, wabernder Stimme, «kann ich dein Schicksal lesen. Es wird ein schöner Märchenprinz kommen, dich auf sein weißes Pferd heben …»

«Ich will keinen Schimmel», unterbrach Alberta.

«Kein Schimmel, kein Prinz», sagte Jana wieder mit normaler Stimme.

«Ich will einen Schecken!»

«In keinem Märchen reiten die Prinzen Schecken. Null! Natürlich kriegst du nie einen Freund, wenn du immer so was Irres haben willst.»

«Vielleicht hast du recht», gab Alberta zu. «Ich würde diesen Sebastian gar nicht wollen. Eigentlich haben alle eine Macke. Christina ist nett und hübsch, aber gelähmt. Sebastian ist kein Reiter. Und dein David ist ein Lügner.»

Jana wurde nicht wütend. Sie schüttelte nur still den Kopf.

«Das kannst du nicht verstehen», sagte sie. «Er hat uns nicht aus Spaß diese schreckliche Geschichte erzählt. Da gibt es einen Grund. Den kann ich dir leider nicht verraten.»[2]

«Okay», gab Alberta zu, «ich bin nur eifersüchtig. Verstehst du das?»

«Ja. Wäre ich auch. Hältst du mir den Sattel zum Aufsitzen?»

«Du reitest zu David, ich weiß.»

Das tat Jana. Und diesmal vergaß sie nicht, dass sie eine Brille trug. Während des ganzen Ritts spürte sie das leichte Gewicht auf der Nase und den noch ungewohnten Druck der Bügel hinter den Ohren. Am alten Gutshof, der jetzt *Lizzys 3D-Ranch* hieß, lenkte sie ihre Stute sofort um die Gebäude herum. Sie vermutete, dass David auf dem Reitplatz hinter dem Haus eines der jungen Pferde trainierte. Und da war er auch, zusammen mit seinem jüngeren Bruder. Dennis ritt die Palomino-Stute *Just for Justine* und David saß auf der bernsteinfarbenen Daffodils' Morningcry. Er übte Schlangenlinien im Galopp. Jana wollte noch eine Weile unauffällig zuschauen, wie Daffy locker die fliegenden Wechsel sprang, aber David schien ihre Anwesenheit zu spüren. Er parierte durch zum Schritt, schaute sich um, trabte auf sie zu und sie musste ihm entgegenreiten. Zum Glück brauchte sie wenigstens nichts zu sagen. Was sie ihm mitzuteilen hatte, verriet ein einziger Blick.

«Hi», sagte er, «du hast deine Bernsteinaugen in Vitrinen gestellt. Hast du Angst, dass sie geklaut werden?»

«Findest du das schlimm?», flüsterte Jana.

2 Der wird hier auch nicht verraten. Was es mit David und seiner schrecklichen Geschichte auf sich hat, müsst ihr in *Hufspuren*, Band 5 nachlesen.

«Nein, ähhh, ich will ja selber nicht, dass sie geklaut werden.»
Ein ganz kleines Kichern kollerte tief unten in Janas Hals,
war aber nicht stark genug, um bis nach oben zu steigen.
«Ich meine, sieht das doof aus? Gefalle – ähhh – gefallen sie
dir noch, die – ähhh – Daffy-Augen, ich meine, Daffy hat ja
auch keine Brille.»
«Damit hab ich kein Problem, aber ich hab ein anderes.»
«Was?»
«Gefällt dir noch was an mir? Wo du jetzt so scharf gucken
kannst, musst du merken, dass meine Haare wie Stroh aussehen. Dass mein rechtes Augenlid hängt …»
«… und deine Nase ist krumm», rief Jana, «deine linke Backe
hat eine andere Farbe als die rechte, deine Lippen sind grün
und dein Mund ist schief und – Mann – du hast ja Segel-
ohren!»
Da mussten sie beide lachen.
Dennis hielt sein Pferd neben dem seines Bruders an und
sagte: «Hi, Jana, ich krieg auch eine Brille. Ich habe die
Augen von Mom geerbt.»
Zum ersten Mal genoss Jana ihren neuen klaren Blick in
die Welt. Die lang nicht mehr gedüngten Wiesen des alten
Hofes waren nicht nur löwenzahngelb. Sie erkannte das
Mohnrot an den Rändern, innen braunrote Spitzen von
Sauerampfer und die weißen Blütenstände des Wiesen-
schaumkrauts. Weit hinten auf der Weide sah sie die Black
Angus Rinder. Und die beiden Reiter, die sich auf dem
Feldweg vom Wald näherten, erkannte sie auch sofort: Lizzy
und Donald Defoe, Davids und Dennis' Eltern. Sie musste
auch nicht raten, auf welchen Pferden sie saßen. Das waren
die beiden Hengste des kleinen Gestüts, Lizzy ritt den bunten

Appaloosa Cockadoodledandy und Donald den Quarter Horse Fuchs Doc's Magic Medicine. Um sie herum sprangen die beiden großen Hunde Satty und Sunny.

«Hallo, Jana», sagte Donald. «Gut, dass wir dich treffen. Da können wir dir schon mal erzählen, was man uns angeboten hat. Bevor wir den Ulmenhof und den Rappenhof damit aufschrecken.»

Er war Amerikaner, erst seit Kurzem hier, aber er hatte schon in den USA mit seiner Familie deutsch gesprochen. Auf Janas Brille reagierte er gar nicht.

«Was für ein Angebot?», fragte sie.

«Die deutsche Vereinigung der Westernreiter», erklärte Donald, «würde uns unterstützen, wenn wir hier ein Riesenzentrum für Westernreiterei aufbauen.»

«Aber wenn ihr jetzt doch was mit Pferden macht», rief Jana erschrocken, «ich meine, darum seid ihr hergekommen, ich weiß, aber drei Reiterhöfe so dicht – ihr habt doch selber gesagt, dass dann alle drei kaputtgehen!»[3]

«Eben nicht», sagte Lizzy. «Die wollen uns Geld geben. Aber natürlich nicht dafür, dass wir mit Feriengästen nette Ausritte machen. Was die wollen, ist Leistungssport. Sie wissen, dass wir das können. Wir sind in Amerika nicht ganz unbekannt. Die Leute, die dann hierher zum Reiten kommen, nehmen wir weder deinem Ulmenhof noch dem Isländerstall weg. Das sind hochspezialisierte Westernreiter.»

«Dann», mischte sich David ein, «müssten wir nicht nur davon leben, dass wir Rinder züchten, nur um sie zu schlachten.»

---

3 Das ist noch immer das Problem: Drei Reiterhöfe können nicht so dicht nebeneinander existieren. Zu welchen Auseinandersetzungen das schon geführt hat, steht in den anderen *Hufspuren*-Bänden.

«Nein», sagte seine Mutter, «dann leben wir wieder davon, dass wir Pferde züchten, nur um ihnen die Sehnen und Gelenke kaputt zu machen.»

«Du übertreibst», widersprach David, «also ich würde ganz gern mal wieder so ein kleines Turnier ...»

«Es geht da nicht um kleine Turniere, das weißt du genau», unterbrach ihn Lizzy.

«Wir haben genau diese zwei Möglichkeiten», fasste Donald zusammen, «wir können von toten Rindern leben oder von kaputten Pferden.»

«Es gibt noch eine dritte», meinte Jana. «Dass ihr nämlich doch eine Reitschule macht für ganz normale Leute, die nicht Leistungssport wollen, einfach nur gut reiten und nette Ausritte und so – ja, und den beiden anderen Höfen die Reiter wegschnappt.»

Lizzy blickte mit ihren etwas kurzsichtigen Augen an den anderen vorbei in die Ferne, dahin, wo die Black Angus Rinder weideten, und sagte: «Irgendwas muss passieren, irgendwas ...»

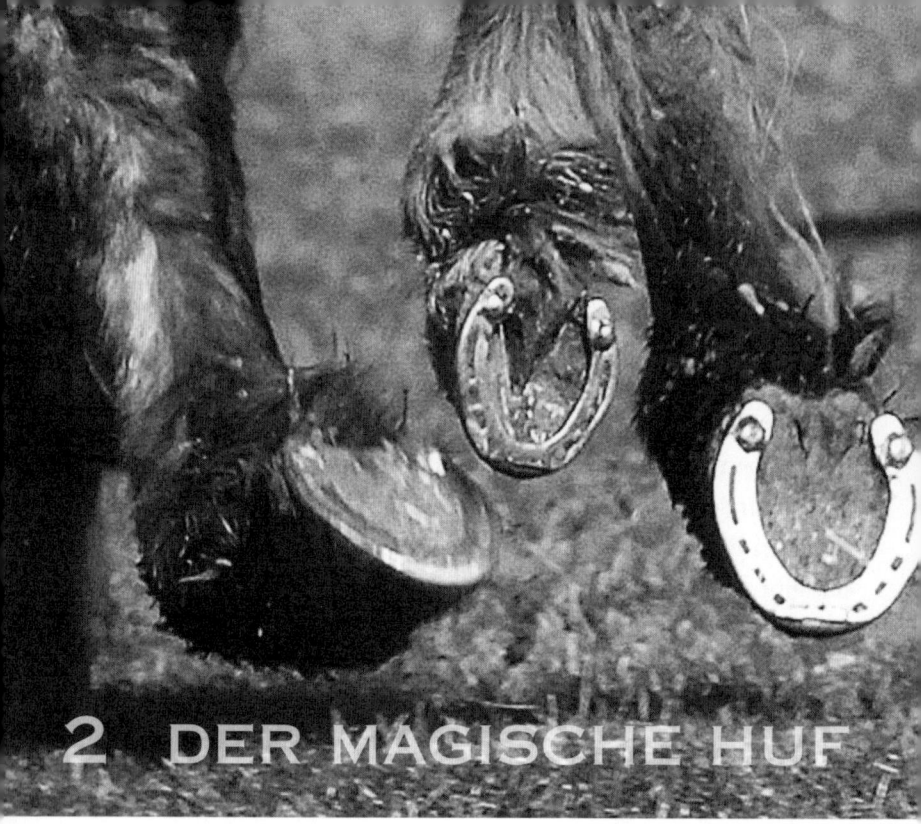

2 DER MAGISCHE HUF

Alberta schaute Jana nach, bis Fantasys Schweif im Wald verschwand. Dann wendete sie ihre beiden Ponys und ging zurück zum Stall. Zwei Schimmel kamen ihr entgegen, die «Señores», Pedro und Rico, die Andalusier, mit Felix und Laura im Sattel. Drei Tage in der Woche ritten die beiden nämlich keine Isländer, sondern Isas und Svens zweite Leidenschaft. Die Besitzer vom Rappenhof hatten in ihrer Freizeit die Andalusier bis zu Lektionen der Hohen Schule ausgebildet. Felix und Laura durften die Hengste bewegen, Felix konnte Pedro sogar schon ein wenig piaffieren.

«Isa fragt, ob du Blesi heute Abend in der Stunde reiten willst», rief Laura Alberta zu.

«Blesi?», fragte Alberta, «der geht doch heute in der Anfängerstunde.»

«Die fällt aus. Die meisten von der Gruppe sind auf Klassenfahrt.»

Also Blesi. Alberta freute sich auf ihren kleinen alten Freund. Er war das erste Pony, das sie hatte reiten dürfen, und im Augenblick war er vollkommen goldig. Während alle anderen Ponys den Winterpelz inzwischen abgeworfen hatten, hatte Blesi noch immer das lange Fell, das auch noch ganz lockig geworden war. Nur noch ein paar Tage würde Alberta den kleinen Kuschelbär kraulen und kämmen, denn Isa hatte beschlossen, Blesi zu scheren.

«Gehst du zum Stall zurück?», fragte Felix. «Christina ist allein. Wir sollten unbedingt mit den Señores raus. Christina sagt immer, sie ist gern mal allein. Aber vielleicht könntest du einfach in ihrer Nähe sein.»

«Sind Isa und Sven nicht da?», fragte Alberta.

«Nein. Die sind mit Frau Rohner weg. Ein Pferd angucken.»

Nun war Alberta völlig verblüfft. Sie hatte auch genügend Gründe dazu. Isa war für sie mehr als eine Reitlehrerin. Sie war eine Freundin, obwohl sie fast zwanzig Jahre älter war. Normalerweise erzählte ihr Isa, wenn sie so etwas Wichtiges vorhatte wie ein neues Pferd angucken. Und mit Theres' Mutter waren sie dazu aufgebrochen? Also sollte das Pferd wohl für Theres sein. Auch davon hatte sie nichts gewusst.

«Ich dachte, Theres wollte Hrimfaxi kaufen», sagte sie.

«Ach, den will sie nicht wirklich», meinte Felix.

«Aber ihre Mutter kann ihr doch nicht einfach ein Pferd kaufen! Das muss Theres doch selber aussuchen.»

«Haben wir auch gesagt, aber Theres wollte nicht mit.»

So ein Problem möchte ich auch mal haben, dachte Alberta. Eine Mutter, die mir unbedingt ein Pferd kaufen will, Geld spielt keine Rolle, und ich laufe stattdessen mit einem Jungen im Wald rum.

«Ich hab 'n blödes Gefühl dabei», meinte Laura. «Ich glaube, Theres will das Pferd nicht, weil ihre Mutter es ausgesucht hat. Und für die muss doch ein Pferd nur eins sein: ungefährlich. Also, ich fürchte, der Isi, den sie da angucken, ist total langweilig.»

«Nein, teuer», verbesserte Felix. «Ich hab da was mitgekriegt. Sven hat gesagt, den könnten sie natürlich nie bezahlen. Das Ganze war wohl Svens Idee, aber Isa ist auch ganz high. Sie will ihn reiten, solange Theres das nicht schafft. Und Sven hat gesagt, er will das selber machen. Die reißen sich um das Pony, also Sven und Isa. Nur Theres will es nicht.»

Er ritt an und Laura folgte.

«Geht geradeaus!», rief Alberta ihnen noch nach. «Wahrscheinlich ist Theres nach rechts in die kleine Runde. Weil Sebastian laufen muss. Weiß nicht, ob die sich freuen, wenn ihr sie trefft.»

Noch immer verwundert führte sie ihre beiden Stuten zurück. Es sah Isa überhaupt nicht ähnlich, Theres irgendein Pferd anzuhängen, das sie gar nicht wollte. Und genauso wenig passte es zu Frau Rohner, ihrer Tochter ein Pferd zu kaufen, mit dem sie ganz offensichtlich überfordert war. Was war das für ein merkwürdiges Pony, von dem außer Theres niemand etwas wusste?

Sie versorgte Hamingja und Ljosadis. Christina fand sie im Reiterstüble. Da saß sie in ihrem Rollstuhl am Tisch und blätterte in einem sehr bunten Heft.

«Hi, Alberta», sagte sie, «du kommst hoffentlich nicht, um mich zu betütteln. Hier, guck dir das an.»

«Ich will den Stall noch machen», zögerte Alberta.

Jetzt noch mal Mist absammeln und sie hatte sich die Reitstunde heute Abend wirklich verdient.

«Ich schieb dich raus in die Stallgasse», schlug sie vor. «Dann kannst du mir das erzählen.»

«Nein, du musst es sehen.»

Christina klappte das Heft zu und hielt die Titelseite hoch. Auf einem steigenden Schimmel saß ein dunkler Junge in Märchenkleidern unter einem Torbogen aus goldenen Buchstaben: DER MAGISCHE HUF.

«Und wir gehen alle zusammen dahin!», jubelte Christina.

Alberta hatte schon davon gehört, dass die Pferdeshow *Der magische Huf* auf der anderen Seite des Sees ungefähr eine Woche lang Vorstellungen geben würde. Ein Märchen mit viel Musik, gespielt von Menschen und Pferden aus aller Welt. Natürlich wollte sie das sehen! Aber sie hatte nicht mal genügend Geld, um die Fähre über den See zu zahlen. Sie sparte auf eine Reitweste. Von den superteuren Eintrittskarten dieser Pferdeshow konnte sie nur träumen.

«Jetzt guck nicht so», sagte Christina, «ich kann das auch nicht bezahlen. Mein Vater ist so arbeitslos wie deiner.»

Aber deine Mutter verdient mehr als meine, dachte Alberta. Sie wusste nicht, was Christinas Mutter arbeitete. Ihre eigene putzte im Krankenhaus. Sie hatte in Kasachstan keinen Beruf gelernt. Dort meinten die Männer, auch die deutschen, Frauen gehörten ins Haus. Aber da hatte ihr Vater natürlich eine gute Stelle gehabt.

«Frau Rohner hat uns eingeladen», erzählte Christina, «den

Rappenhof, den Ulmenhof und Lizzys 3D-Ranch. Die Fahrt zahlt sie auch.»

Alberta blätterte durch das bunte Programmheft der Pferdeshow. Sie würde das sehen! Viel zu rasch und aufgeregt wendeten ihre Finger die Seiten. Ihre Augen sprangen hastig von den Arabern zu den Friesen zu den Andalusiern und den Appaloosas, und da waren auch Isländer. Schnell legte sie das Heft weg und sagte: «Ich mach noch mal den Stall.»

«Nimm mich mit», verlangte Christina.

Alberta schob den Rollstuhl vor die Stallgasse und holte die Mistkarre. Der Stall war leer. Alle Ponys waren draußen im Paddock oder auf der Koppel. Bis jetzt bewährte sich die Höhenlage des Hofes, weit weg von allen Fließgewässern, es gab nur wenige Insekten. Während Alberta den Mist einsammelte, sprach Christina weiter.

«Ich wollte schon immer mal so eine Pferdeshow sehen, aber die Karten sind so sackteuer und ...», sie redete und redete, dann brach sie plötzlich ab, mitten im Satz, und sagte langsamer und leiser: «Das nervt mich schon. Dir kann ich das sagen. Du verstehst das.»

«Was?» Alberta kippte Mist in die Karre. Sie wusste genau, was.

«Na, dass Frau Rohner alles zahlt. Kratzt sie nicht, klar, und kann euch egal sein, aber für mich haben die ja noch viel mehr getan. Es ...» sie schwieg wieder, fuhr dann noch leiser fort: «Es tut mir so leid, dass ich Theres ihr Pony weggenommen habe. Aber ich kann nun mal wirklich kein anderes reiten. Und Theres hängt immer noch an Bjalla. Wenn wir sie doch wenigstens hier lassen könnten. Aber ich muss jeden Tag reiten und mein Vater kann mich nicht immer bis hier fahren. Das Benzin ist zu teuer.»[4]

«Ich bring die Karre weg», sagte Alberta und ging. Das Gespräch war ihr unangenehm. Ihre Situation war ganz anders als Christinas und doch ähnlich. Beide waren sie abhängig von reichen Leuten wie Rohners.

Es gab nicht viel zu tun im Stall. Felix und Laura kamen zurück. Bald darauf Theres und Sebastian. Und dann trafen auch jene drei ein, auf die alle so neugierig warteten. Aber sie erzählten nichts von dem seltsamen unbekannten Pferd. Isa kümmerte sich sofort um ihre Reitschüler. Sven verschwand im Haus, um irgendetwas zu reparieren. Und Alberta konnte doch nicht einfach Frau Rohner fragen. Die stand auf dem Putzplatz und sprach mit Theres. Da war auch Sebastian und hatte Theres einen Arm auf die Schulter gelegt. Ihre sonst so überängstliche Mutter schien das völlig in Ordnung zu finden.

Alle Ticks und Verbote von Theres' Mutter und von meinem Vater, dachte Alberta, sollte man in einen großen Mixer kippen und gut durchschütteln. Dann mit reichlich Wasser auffüllen und ihnen in riesigen Gläsern zu trinken geben. Dann wären vielleicht beide normal.

Ihr Vater hatte nämlich überhaupt keine Angst um sie, wenn sie mit dem Rad die steilen Straßen hinuntersauste. Aber er wurde rasend, sobald in ihrer Nähe ein Junge auftauchte.

Der Putzplatz füllte sich allmählich mit Reitern und Pferden. Sie sollte jetzt Blesi holen. Sie wollte ihm das lange, lockige Fell kämmen. Zum letzten Mal?

---

4 Wie Christina zu Bjalla kam, könnt ihr in *Hufspuren*, Band 3 lesen.

«Nächste Woche wird er geschoren», hatte Isa gesagt. «Er ist eben alt und alte Pferde tun sich manchmal schwer mit dem Fellwechsel. Wir müssen ihm helfen.»

Alberta ging an Theres, Sebastian und Frau Rohner vorbei. Bei dem Hin- und Hergelaufe konnte sie leicht in deren Nähe unauffällig stehen bleiben. Um zu lauschen? Nein! Doch!

«Ein Traumpferd», hörte sie Frau Rohner sagen, «ich habe ihn gekauft.»

Theres zuckte die Achseln.

«Er ist nicht für dich», fuhr ihre Mutter fort. «du kannst in Ruhe warten, bis dir *dein* Pferd begegnet.»

«Er ist eine Geldanlage!», zischte Theres sie an. «So ähnlich hast du es gesagt. Du redest schon genauso wie dein Ex.»

Puh, das war hart. Alberta stand einen Augenblick wie gelähmt. Theres hatte doch immer so darunter gelitten, dass ihre Mutter von ihrem geschiedenen Mann immer als «dein Vater» sprach. Und jetzt nannte sie selber ihn «dein Ex». Und hatte Frau Rohner wirklich anstelle eines Pferdes eine «Geldanlage» gekauft? Das sah ihr nicht ähnlich. Und wie sollte dieses Pferd Geld verdienen? Mit Isa und Sven guckt man nicht einen Vollblüter an, der Rennen gewinnt.

Bevor sie Blesi holte, lief Alberta schnell noch einmal ins Reiterstüble und blätterte durch das Programmheft der Pferdeshow. Es war voll von schönen Pferden und Menschen in schönen Kleidern. Was suchte sie? Den Märchenprinzen, den Jana ihr prophezeit hatten? Es gab drei Schecken. Auf dem einen saß eine Frau. Auf den beiden anderen Männer, die vielleicht mal vor Jahrzehnten Märchenprinzen gewesen waren. Wenn überhaupt.

Drei Tage später kreuzte eine Fähre den See, auf der kaum jemand nicht von Pferden sprach. Fast während der gesamten Fahrt sah man das Zelt, ein Zirkuszelt ohne Löwen, Elefanten und Clowns. Eine Arena für Pferde, nur für Pferde. Es lag direkt am Ufer. Deshalb hatten sich fast alle Besucher von der anderen Seeseite für die Fähre entschieden. Zwischen Bug und Heck sprach man von Andalusiern, Friesen, Westernpferden, Isländern und so weiter und so weiter. Die wenigen Touristen mit anderem Ziel mussten sich fühlen, als hätte ein außerirdisches Wesen sie hinterhältig in eine fremde Welt gebannt. Sicher waren sie erleichtert, als sie von Bord gehen konnten. Da entkamen sie dem breiten, zu dem bunten Zelt fließenden Strom und flohen in Richtung Historische Altstadt.

Alberta gehörte zu den Letzten, die von Bord gingen. Sie genoss es, dass sie nicht eilen musste, um gute Plätze zu erkämpfen. Denn die waren vorbestellt und Theres hatte gleich gesagt, dass Jana, Alberta und Felix zu ihr in die Loge kämen. Zu Jana gehörte jetzt David, zu Felix Christina, und deren Rollstuhl war es, was sie zu den langsamsten machte. Sebastian? Achselzuckend hatte Theres auf Janas Frage nur ein Wort gesagt: «Basketballtraining.» Sie schien ihn nicht zu vermissen. So tauchten sie alle ein in die lärmende Masse, in die viel zu laute Musik, in die Zauberwelt des *Magischen Hufes*, und Alberta ahnte nicht, was für einen Schlag ihr dieser Huf versetzen sollte.

Sie saß keineswegs zum ersten Mal in einer Loge. In Kasachstan war sie einmal mit ihrer ganzen Familie im Chinesischen Staatszirkus gewesen und sie hatten beste Plätze gehabt. Sie waren nicht nach Deutschland gekommen, weil sie dort arm gewesen waren, sondern weil sie da als Deutsche galten und immer weniger Chancen hatten. Hier waren sie nun «Russlanddeutsche». Welche Chancen hatten sie hier? Einen Logenplatz konnten sie nicht mehr bezahlen.

Alberta saß zwischen Theres und Jana. Die Vorstellung begann sofort. Alberta hatte ein Programmheft gekauft, kam aber nicht mehr dazu, es durchzublättern. Am Anfang war sie ein wenig enttäuscht. Die Musik war zu laut, die Arena zu klein, die Geschichte konnte eine Vielleserin wie sie nicht begeistern und die ersten Pferde waren Kamele. Denn dies war das Märchen von einer Prinzessin aus einem sehr fernen Land, in dem es keine Pferde gab, in dem man nicht einmal etwas von ihnen wusste.

Au Mann, das muss weit weg sein, dachte Alberta.

Immerhin, die Prinzessin, des Königs einziges Kind, hatte von anderen Wesen geträumt, die man reiten konnte. Sehr schön seien sie, viel schöner als die einheimischen Kamele.

Kluges Kind, dachte Alberta.

Aber der König sah das anders. Als die Prinzessin nach diesen Wesen verlangte und die Kamele – sein Reichtum, sein Stolz – nicht mehr reiten wollte, bekam er einen Wutanfall. Er verfluchte seine Tochter und schlug ihr mit der Faust gegen die Stirn. Als hätte dieser Schlag sie selber getroffen, zuckte Alberta zusammen. Geschichten von schlagenden Vätern mochte sie nicht. Das waren für sie keine Märchen. Das war die grobe Wirklichkeit in ihrem Elternhaus. Und sie war nicht hierher gekommen, um an ihren Vater erinnert zu werden. Sie wollte Pferde sehen. Der Schlag mit der königlichen Faust verwandelte die Prinzessin in einen Stein, nicht etwa in einen grauen

Felsblock, sondern in eine Statue aus verschiedenen Edelsteinen.

So ritten sie auf ihren Kamelen in die Manege, der König mit seinem Gefolge in bunten orientalischen Kleidern und auf einem weißen Kamel die Statue aus Edelstein. Das war eindeutig kein Mensch, denn der Kopf war durchsichtig, das sollte wohl Bergkristall sein. Jana flüsterte Alberta zu, dass David das für eine fantastische Nummer hielt. Kamele seien sehr eigensinnig und schwer zu dressieren. Und das weiße Kamel, auf dem kein Reiter saß, folgte brav den Zeichen, die der König mit einem bunten Stock gab. Das mochte für David in Ordnung sein. In seinem Elternhaus hatte es immer mehr Pferde als Menschen gegeben. Alberta jedoch war es egal, ob diese Nummer eine Sensation war. Sie fand, dass bei Kamelen der Hals verkehrt herum gewachsen war. Und wer einmal einen Isländer im Rennpass gesehen hatte, konnte bei diesem schaukelnden Passgang nur gähnen.

Dann endlich Pferde! Denn der König war ja auf der Suche nach dem Pferd mit dem magischen Huf. Nur das konnte seine Tochter erlösen und nur, wenn es mit seinem Huf direkt ihre gläserne Stirn berührte. Doch die ersten Pferdenummern überzeugten Alberta nicht. In der kleinen Arena hatten die Isländer kaum eine Chance, ihren flotten Tölt oder gar ihren Rennpass zu zeigen. Die Friesenquadrille war ganz nett. Aber irgendwo weiter hinten, weit weg von ihrer alten Feindin Jana, musste Natalie sitzen. Und die musste jetzt eigentlich denken: Das reiten wir mit unseren Friesen auch.[5]

---

5 Über Jana und Natalie könnt ihr in allen *Hufspuren*-Bänden mehr erfahren und ebenso, wie Natalie zu den Friesen gekommen ist.

Beim Auftritt der Westernpferde warf Alberta einen Blick auf David. Der sagte nichts dazu. Was er Jana zuflüsterte und die an Alberta weitergab, war: «Hoffentlich kommen die Kamele noch mal.»

Doch dann gelangten der König und sein Gefolge in ein wirklich interessantes Pferdeland. Acht andalusische Hengste, alles Schimmel, zeigten Quadrillenfiguren, wie Alberta sie noch niemals gesehen hatte. Jetzt bewährte es sich, dass die Loge nicht zu niedrig gebaut war. Ihre Köpfe waren etwas höher als die der Reiter. Lag es daran, dass Alberta einen bestimmten Reiterkopf immer wieder sah, ihn verfolgte, schließlich suchte? Ein fremd wirkendes Gesicht, das ihr doch vertraut war. Sie fand es oft. Sie schloss die Augen, weil sie es loswerden und sich wieder auf die Pferde konzentrieren wollte. Doch als sie die Augen öffnete, war es sofort wieder da, huschte gleich zweimal an ihr vorbei.

Seh ich den jetzt doppelt?, dachte sie. Oder ist der doppelt? Und als die acht Hengste sich zum Schlussbild aufstellten, hatte Alberta von einer wirklich guten Quadrille fast nichts gesehen. Jana links und Theres rechts neben ihr klatschten begeistert. Albertas Hände lagen steif auf ihren Beinen, nur die Finger zuckten nervös. Das von den Zuschauern umjubelte Schlussbild war für sie nicht das Ende einer Pferdenummer, sondern der Anfang einer großen Verwirrung.

Einer der Reiter ließ genau vor der Loge sein Pferd piaffieren. Dann senkte es die Hinterhand und hob langsam, wie in Zeitlupe, die Vorhand, stand auf den Hinterbeinen wie eine Statue, schob dabei den Kopf seines Reiters genau auf Albertas Augenhöhe. Und zwei sehr dunkle Augenpaare schauten sich an, fremd in fremd. Das Pferd bewegte sein rechtes Vorderbein, aber es schlug nicht aus. Es machte eine kleine Geste, wie ein vorsichtiges Winken sah das aus. Dies war der Moment, in dem Alberta von dem magischen Huf getroffen wurde. Und zwar mitten ins Herz.

«Alberta!»
Sie rührte sich nicht.
«He, Alberta!»
Allmählich wurde ihr klar, dass Jana das wohl schon zum vierten oder fünften Mal sagte.
«Willst du die ganze Pause hier sitzen bleiben? Dann lass uns doch wenigstens vorbei.»
Sie stand auf, stolperte hinter Theres her, die bereits im Gang war, in dem Menschenstrom, der zum Ausgang des Zeltes drängte. Draußen war endlich frische Luft. Das machte das Durchatmen leichter. Etwas leichter. Noch immer bekam sie schwer Luft, und mit dumpfen Ohren hörte sie, was die anderen redeten.
«… da kannst du keinen Isländer richtig vorstellen, unmöglich, die brauchen schon etwas mehr Platz …»
Das war Isa. Normalerweise hätte Alberta jetzt zugestimmt, wie nahezu immer, wenn Isa etwas sagte. Aber sie schwieg. Sie war ganz woanders. Wo? Was war geschehen? Nichts. Fast nichts. Zufälligerweise hatte ein Showreiter genau da, wo sie saß, sein Pferd steigen lassen. Zufälligerweise hatte sein Blick sie getroffen. Mit Augen, die so dunkel waren wie ihre. In einem Gesicht, das auf ähnliche Weise wie ihres anders war, dunkler und mit etwas höheren Wangenknochen. Kirgisenaugen? Wo kam der her? Und warum war das wichtig? War es denn wichtig?

«… können unsere Friesen auch …»

Natalie? Das konnte nur Natalie gesagt haben. Hatte die ewige Außenseiterin es wirklich gewagt, sich unter sie zu mischen?

«Da ist ein Buchstand», wandte sich Natalie jetzt direkt an Alberta. «Kommst du mit Bücher gucken?»

Das wollte Alberta ausnahmsweise nicht. Aber sie hob wenigstens den Kopf und nahm ihre Umgebung wahr. Jana fing keineswegs an, Natalie wieder anzugiften. Diese alte Feindschaft war Vergangenheit. Die Gegenwart war: Jana stand an David gelehnt und unterhielt sich mit Bettina. Und Albertas Gegenwart war: Sie wäre gern dem fremden dunklen Reiter so nah gewesen wie Jana ihrem David.

Quatsch, dachte sie. Bin ich jetzt durchgeknallt? Ich werde den nie wiedersehen.

Aber sie hatte ihn gesehen. Sie hatte ein Bild. Zum ersten Mal konnte sie sich vorstellen, wie ein Junge aussehen könnte, der ihr gefallen würde. Zum ersten Mal verstand sie die Mädchen in ihrer Klasse, die für einen Popstar schwärmten, dem sie kaum jemals woanders als im Fernsehen begegnen würden. In diesem Augenblick war Alberta vollkommen glücklich mit dem, was sie da bekommen hatte: ein Bild. Und einen Blick! Ja! Welches Mädchen aus ihrer Klasse mit Postern von Tokyo Hotel an allen Zimmerwänden hatte einen Blick von Bill? Alberta fühlte sich reich mit Blick und Bild. Und schon kamen welche und wollten von ihrem neuen Reichtum stehlen.

«… dieser Indiojunge? Der ist schon gut», das war Sven, «ich schätze ihn kaum älter als sechzehn. Dafür ist er spitze. Im Gegensatz zu seiner Schwester.»

«Finde ich auch», stimmte Isa zu, «die reitet nicht besonders, aber von der kriegen wir noch eine super Nummer.»

«Und der Junge mit dem Levadeur», meinte Sven, «hat nämlich nachher die schwierigste Aufgabe.»

«Was ist ein Levadeur?», fragte Theres.

Das wusste Alberta. Bei der Levade erhebt sich das Pferd langsam auf der Hinterhand. Ein Pferd, das auf diese Übung spezialisiert ist, nennt man Levadeur.

«Du meinst also», vermutete Isa, «der wird in der Levade mit einem Huf die Stirn der Prinzessin berühren?»

Sven nickte: «Genau. Wir haben's doch schon fast gesehen. Ziemlich gefährlich, ich meine, für die Prinzessin.»

«Na, das ist ja bloß eine Statue», sagte Isa, «im schlimmsten Fall geht dieser Glaskopf kaputt.»

«Glaube ich nicht», hielt Sven dagegen, «die machen auf Sensation. Und gleich nach der Berührung mit dem magischen Huf soll ja die Prinzessin erlöst sein und da muss sie sich bewegen. Nee, die machen das mit einem Mädchen.»

«Das lass ich nicht zu!», protestierte Isa.

Sven lachte.

«Du hast hier keine Stimme.»

Aber ich!, dachte Alberta. Der Junge ist mein Bild! Das dürfen die nicht. Ich verbiete es. Das ist viel zu gefährlich.

Würde ihr neuer Traum aus Bild und Blick, würde der Junge – Indiojunge, hatte Sven gesagt – im zweiten Teil der Vorstellung mit seinem Pferd vielleicht einen Menschen verletzen?

Alberta war irgendwie komisch.

Auf dem Weg zurück in das Zelt ging Jana neben ihrer alten Freundin, lästerte über die müden Westernreiter der Show, schwärmte von dem tollen Andalusier in der Levade, und Alberta gab nicht mal eine Antwort. Sie blieb sogar hinter ihr zurück. Als sie zusammengequetscht mit vielen anderen den Gang hinunter geschoben wurden, drehte Jana sich um.

«Bist du krank?», fragte sie.

Alberta schüttelte den Kopf. Immer noch wortlos. Sie erreichten ihre Loge und setzten sich wieder nebeneinander.

«Du hast doch was!», beharrte Jana.

«Vielleicht Angst», flüsterte Alberta.

«Angst? Wovor?»

«Vor dem Schluss. Sven meint, der Junge, ähh, der Andalusier mit der irren Levade, der soll am Schluss den Kopf von der Prinzessin berühren. Mit dem Huf. In der Levade. Wenn das schiefgeht …»

«Na und? Die werden schon noch so einen Glaskopf auf Lager haben.»

«Aber Sven meint, die machen das nicht mit einem Glaskopf.»

«Mit einem Mädchen?», fragte Jana entsetzt.

Alberta fing an, hastig in ihrem Programmheft zu blättern. Jana beugte sich zu ihr. Aber alles Licht strahlte in der Manege und reichte nur bis zu ihren Schultern. Sie fanden nichts heraus. Sie mussten warten.

Immerhin wurde ihnen das nicht langweilig. Jana zumindest vergaß den Gedanken an den vielleicht sehr gefährlichen Schluss dieser Vorstellung. Die folgenden Nummern waren wirklich spannend. David verlangte nicht mehr nach weiteren Kamelen. Über die beiden Shettys, die miteinander Fangen spielten, mussten sie lachen. Die rechnende Kaltblutstute war ihnen ein Rätsel. Die hatte offenbar eine andere Magie in ihrem Huf. Sie konnte damit zählen. Auf ein niedriges Podest klopfte sie immer genau so viele Schläge, wie ihr Mensch verlangte. Als sie unter tobendem Applaus die Arena verlassen hatte und es gerade wieder einigermaßen still war, hörte Jana hinter sich Isas Stimme: «Passt auf! Jetzt kommt *sie!*»

Und dann kam gar keine *sie.* Sechs arabische Schimmel liefen in die Manege und fingen an zu spielen. Das sah erst völlig durcheinander aus. Doch sehr bald begriff Jana: Es war ein Tanz. Eine solche Freiheitsdressur hatte sie bisher in keinem Zirkus gesehen. Sonst stand da immer in der Mitte ein Mensch mit Peitsche, und die Pferde liefen alle in dieselbe Richtung, machten auf Kommando kehrt oder standen auf den Hinterbeinen. So kannte sie das. Diese sechs Araber jedoch schienen einfach miteinander zu spielen. Aber dann fügten sie sich plötzlich zu einer Figur, die nicht aus Zufall entstanden sein konnte. Sie liefen Schulter an Schulter alle sechs nebeneinander. Eine halbe Runde, dann zerfiel dieses Bild. Sie trabten in einem engen Kreis, Nüstern an Schweif, und sprangen wieder auseinander. Wer lenkte sie? Und wie?

David stupste an Janas Schulter und wies mit dem Kopf zum Eingang, der sonst von einem roten Vorhang verschlossen gewesen war. Der stand nun halb offen, und dort sah Jana einen Mann, der mit zwei langen Gerten Zeichen gab. Sie beobachtete ihn fasziniert. Da stürmten zwei der Schimmel an ihm vorbei, verschwanden aus dem Scheinwerferlicht hinter die Kulissen. Sie kamen bald zurück, dicht nebeneinander galoppierend. Auf ihrem Rücken stand, mit jedem Fuß auf einer Kruppe, eine vollkommen in Weiß gekleidete, sehr schmale Gestalt. Auf dem Kopf trug sie einen weißen Turban, der in einem starken Kontrast zu ihrem dunklen Gesicht stand. Sie hielt in jeder Hand eine Gerte, die Pferde trugen nichts, keinen Gurt, kein Zaumzeug, kein Halfter.

Der Junge, dachte Jana, das ist doch der Junge, der mit der irren Levade vorhin. Alles okay, Alberta, die machen das anders. Nix Huftritt auf Mensch. Es gibt eine ganz andere Lösung.

Denn diese Nummer musste der Schluss sein. Das war nicht mehr zu überbieten. Wer wollte danach noch etwas sehen?

Die sechs Schimmel tanzten weiter wie zuvor, nur dass nun immer zwei nebeneinander blieben und auf denen stand ein Mensch. Um die gruppierten sich die übrigen vier. Sie bildeten eine Gasse, und die beiden galoppierten hindurch. Sie hielten in der Mitte, Schweif an Schweif in einem Kreuz, stiegen alle zugleich, und die zwei rasten um sie herum. Aber plötzlich waren sie allein, ohne den Jungen stehend auf ihren Kruppen. War er gestürzt? Jana glaubte, ihn zu sehen, mitten zwischen den Schimmeln, weiß in weiß. Im nächsten Augenblick stand er wieder auf den beiden Pferden. Das ging so schnell. Jana fand nicht heraus, ob es Absicht oder ein Sturz gewesen war. Es dauerte ziemlich lange, bis sie bemerkte, dass die weiße Gestalt ein Mädchen war. *Sie!* Für einige hundert Mädchen in dem klatschenden jubelnden Zelt von nun an das Vorbild ihres Lebens.

Als sie mit ihren Pferden die Manege verließ, hatte Jana die bergkristall-versteinerte Prinzessin völlig vergessen. Sie wollte jetzt eigentlich gehen und dieses Bild in Erinnerung behalten. Tatsächlich blieb die Manege leer. Es entstand eine Pause, zu lange, ein großes Finale hätte jetzt doch noch folgen können. Da ging der Vorhang noch einmal auf. Was wollten die Kamele wieder hier? Die orientalischen Diener hoben vorsichtig die steife Gestalt von ihrem weißen Kamel und stellten den halb vergessenen Prinzessinnen-Edelstein genau vor der Loge ab.

Und da kam er, der Levadeur. Der Meister der Levade. Strahlend weiß und mit einem Silberschimmer im Schein-werferlicht, den er vor der Pause nicht gehabt hatte. Aber vielleicht hatte Jana ihn vorhin auch nicht so sehr beachtet. Da war er nur einer von acht andalusischen Schimmeln gewesen. Nun war er allein mit dem Jungen auf seinem Rücken, der so weiß gekleidet war wie seine Schwester vorhin und ebenso dunkel war sein Gesicht. Er kam ihr klein vor, er wirkte fast kindlich und ein wenig hilflos hinter dem mächtigen Hengsthals des Andalusiers. So groß war dieses Pferd doch gar nicht. Aber es hatte Muskeln wie ein durchtrainierter Spitzensportler. Ein Athlet!

Die Musik war nicht mehr aufdringlich laut. Die versteinerte Prinzessin stand reglos. Aber warum sah man ihren Glaskopf nicht mehr? Statt dessen seidig leichte, farbige Tücher. Nichts bewegte die Luft, weil viele der Zuschauer den Atem anhielten, weil sie alle denselben Gedanken, dieselbe Befürchtung hatten. Und rechts neben sich hörte Jana Albertas leise erstickten Schrei.

«Na», sagte Sven hinter ihr, «glaubst du's mir jetzt?»

«Ich gehe!», protestierte Isa, «ich will das nicht sehen.»

Aber sie blieb.

Auf den Schultern der von wehenden Tüchern umhüllten Gestalt genau vor der Loge musste ein anderer Kopf sein. Einer mit Augen, die ein steigendes Pferd sehen konnten. Mit einem Schädel, der unter dem Huf eines Pferdes brechen musste. Mit einem Mund, der schreien würde. Jana hörte hinter sich Isa flüstern: «Wird schon gut gehen, wird schon gut gehen.»

Der Junge ließ den Hengst im Spanischen Schritt langsam nach vorn kommen. Hoch warf der Schimmel die Vorderbeine, immer wechselnd rechts-links, rechts-links. Unter seiner Silberhaut spielten die Muskeln. Dann trabte er an. Als er vor der Gestalt in Tüchern dicht an der Loge vorbeikam, sah Jana in dem reglosen dunklen Gesicht des Jungen

Augen voller Angst. Dann Galopp auf einem sehr engen Kreis. Doch eine richtige Pirouette war das nicht. Einmal rutschten dem Hengst sogar die Hinterbeine weg. Er fing sich, vollendete den Kreis. Aber wenn das eine Pirouette sein sollte, dann hatte Jana diese schwierige Dressurlektion von Andreas mit Malachit schon besser gesehen.

Er ist halt ein Levadeur, dachte Jana, er kann nicht viel mehr als diese Levade und der Junge sicher auch nicht.

«Sven?», kam Isas zweifelnde, etwas zitternde Stimme von hinten.

«Ich sehe es», antwortete Sven.

Der Junge versuchte eine Passage. Die wirkte schwerfällig, als wären dem Pferd seine enormen Muskeln mehr eine Last als eine Quelle der Kraft.

«Sven! Dieser Silberglanz!»

«Sie haben ihn mit Petroleum eingerieben. Alter Trick.»

«Haben sie nicht! Guck doch hin!»

«Ja.»

«Sven!»

«Ja. Du hast recht.»

Von dem jetzt geschlossenen Vorhang kam das Pferd nun in keineswegs schwebender Passage auf die Loge zu. Als es nah genug war, erkannte auch Jana den Ursprung des Silberglanzes.

«David», flüsterte sie, «der schwitzt.»

«Ich weiß», war Davids heisere Antwort.

Am Rand des Sattels war eine Spur Schweißflocken, kaum sichtbar auf dem weißen Fell. Der Junge versuchte, den Hengst noch stärker zu versammeln. Als Vorbereitung für die Levade musste er ihn auf der Stelle traben lassen. Doch die

Piaffe misslang. Vor der Pause war sie perfekt gewesen. Jetzt brachte der Schimmel nicht mehr als ein nervöses Zappeln zustande. Trotzdem hob er die Vorderbeine aus dem Sand.

«Der ist krank», stellte Svens dunkle Stimme fest.

«Wir müssen was tun!», Isa unterdrückte einen Schrei.

Neben Jana klatschte etwas auf den Bretterboden. Albertas Programmheft. Und Jana, die sonst vor keiner Gefahr davonlief, hätte es am liebsten aufgehoben, hätte die Seite aufgeschlagen, auf der eben dieses Pferd in seiner perfekten Levade zu sehen war. Sie wollte dieses strahlende Bild in die Manege zwingen und auf genau jenen Platz stellen, wo sich ein schweißnasser Schimmel mühselig auf der Hinterhand erhob.

«Sven! Was können wir tun?», kam von hinten.

«Nichts. Es ist zu spät.»

Ja, es ist zu spät. Auch Jana sieht ein, dass jede Bewegung dieses gewaltsam konzentrierte Paar, den Jungen und sein Pferd, nur stören würde. Die Gestalt in den bunten Tüchern hält vollkommen still. Der Schimmel steht auf den Hinterbeinen. Was vor kaum einer Stunde so federleicht wirkte, erscheint Jana jetzt wie ein mit Wasser vollgelaufenes Boot kurz vor dem Untergang. Sie versucht zu sehen, was halb verborgen vor ihrem Blick unter der Loge steht. Ist der Kopf von Tüchern vollkommen eingehüllt? Kann das Mädchen darin – sicher ist es ein Mädchen – überhaupt etwas sehen? Oder wartet sie blind, bis die leichte, sanfte Berührung des magischen Hufes sie aus der Starre, aus der Versteinerung befreit? Unmöglich! Nein! Sie muss etwas sehen. Sie darf nicht stillhalten, bis das Pferd sie wirklich berührt. Der Schimmel schwankt.

Jedes Pferd hat magische Hufe. Vier davon. Dieser Teil der Geschichte ist kein Märchen. In jedem einzelnen Huf jedes einzelnen Pferdes steckt so viel Magie, dass es einen Übergang zwischen Leben und Tod herstellen kann. Allerdings nur in eine Richtung.

Der silbern schwitzende Hengst findet das Gleichgewicht wieder. Doch die bunte Gestalt huscht nach links, flattert aus der Reichweite seiner Hufe, und von rechts hört Jana ein paar russische Worte, die sie nicht versteht, denen sie aber aufatmend zustimmt: «Ja, Alberta, Gott sei Dank!»

Es bleiben vor ihr drei dunkle Augen, zwei gefüllt mit Angst im Gesicht des Jungen, und von dem Schimmel sieht sie nur das linke, aber das ist genug. Es ist schon zu viel. Eine Verdoppelung dieser Panik würde sie nicht ertragen. Aber dann muss sie doch noch mehr aushalten. Nicht mit den Augen. Jetzt schneidet das Entsetzen in ihre Ohren.

«Morisco!»

Was für ein Schrei! Nicht laut, sondern schrecklich. Wer hat wen gerufen? Die Stimme kam von links. Durch die bunten Tücher strecken sich dem weißen Pferd zwei dunkle Arme entgegen. Sie können es nicht halten. Es kippt. So schräg und verbogen im Rund der Manege sieht es auf einmal komisch aus. Ein Pferdeclown, der alles falsch macht. Anstelle einer eleganten Levade hängt er ein verdrehtes Fragezeichen in die Arena. In Janas Kehle erstickt ein Lachen, das von Albertas unterdrücktem Schrei überholt wird, und Davids Hand zerquetscht ihren Arm. Der kräftige weiße Hengst stürzt. Der Junge fliegt weit und rollt durch den Sand. Er ist schnell wieder auf den Beinen. Das Pferd auch. Mit einem gewaltigen Satz springt es auf und steht so gerade auf allen

Hufen, dass Jana denkt: Nix passiert. War nur ein Fehler. Falsche Optik. Alles klar. Er ist okay.

Aber weiß ist er nicht mehr. Seine linke Seite glänzt noch feucht und silbern, die rechte ist schmutzig, gelbbraun vom Sand. Auch der Kopf. Und das schwarze Auge wirkt nicht mehr so groß wie vorher in dem starken Kontrast zu dem Weiß. Nur die Panik darin ist nicht kleiner geworden. Einen Augenblick sieht es aus, als finge er wieder an zu schwanken, aber dann dreht er sich im Kreis. Wie ein junger Hund, der seinen eigenen Schwanz jagt. Ein riesiger Kreisel, außen braun, innen weiß. Wie losgelassen von einer starken Hand im Zentrum wird er fortgeschleudert aus dem rasenden Dreh und er rennt geradeaus. An den Rand der Manege. Irgendwohin. Zuschauer kreischen, greifen nach ihren Kindern, springen von den Sitzen, als das große Pferd über die kniehohe Bande auf die Bänke stürzt. Da liegt es reglos vor einem Mann mit einem Kind im Arm. Am Rand des Scheinwerferkegels sieht Jana, wie der kleine Junge eine Hand ausstreckt. Er streichelt den Pferdekopf vor seinen Füßen, die weiße Seite streichelt er.

Taumelnd strampelt der Hengst auf die Beine und torkelt in die Mitte der Manege, dahin, wo das Licht am hellsten ist. Der Zügel ist gerissen, ein Ende baumelt an der Kandare, das andere schleift über den Boden, aus dem Pferdemaul tropft Blut.

«Morisco!»

Im Zentrum des Scheinwerferlichtes bricht er zusammen. Ganz langsam, als wollte er sich vorsichtig hinlegen, knicken alle vier Beine gleichzeitig ein. Aber als er liegt, fangen sie an zu schlagen und zu treten. Der Junge läuft auf ihn zu. Doch eine andere weiß gekleidete Gestalt, sein Double oder sein zweites Ich, stürzt sich auf ihn, reißt ihn zurück, hält ihn außer der Reichweite von vier tödlich magischen Hufen. Vor tausenden Augen allein, ohne die Hand seines Menschen noch einmal zu spüren, stirbt Morisco im Licht.

Neben Jana fliegt ein Schatten in die Manege, der Sitz rechts neben ihr ist leer. David zieht ihren Kopf an seine Schulter. Da sind ihre Augen im Dunkeln. Wie gut ihr das tut! Stilles, beruhigendes Dunkel, in dem es den schrecklichen hellen Lichtfleck nicht gibt. Weiß und noch immer silbrig glänzend liegt ein großer verbogener Körper im Sand, der wie ein sehr fremdartiges Pferd aussieht. Jana spürt, wie Davids Stirn an ihre Brille stößt. Auch er hat den Kopf von der Manege abgewandt. Sehr weit im Hintergrund hört sie Rufe in fremden Sprachen, Schreie, in denen keine Sprache mehr zu erkennen ist, und das Trampeln von vielen Füßen.

«Was – was ist passiert?», flüstert sie.

«No idea», murmelt David in ihr Ohr.

«Sollten wir nicht …», beginnt sie zögernd, «… ich will überhaupt nicht, aber sollten wir nicht doch …?

Sie fühlt, dass sein Kopf nickt.

«Ja, sollten wir. Ich will es wissen. Come on!»

Sie stehen auf. Alberta ist nicht mehr auf ihrem Platz, aber an Theres kommen sie nicht vorbei. Die sitzt da so versteinert und festgewachsen wie die Prinzessin auf ihrem Kamel, nur ist sie nicht so bunt. Sie ist schimmelweiß und ihre rechte Hand klammert sich an die ihrer Mutter.

«Das ko-konnte ich nicht wissen», stammelt Frau Rohner.

Jana und David quetschen sich an den beiden vorbei. Es ist fast unmöglich, im Gang voranzukommen. Denn da drängen sich jetzt viele Leute und schieben zugleich in beide Richtungen, einige energisch nach oben, hinaus, andere streben nach unten wie Jana und David. Kurz sind sie so eingeklemmt, dass sie sich gar nicht mehr sehen können und beinahe getrennt werden, aber sie haben sich an den Händen gefasst und lassen nicht los. Da hat Jana plötzlich eine Hand auf der Schulter und eine vertraute Stimme sagt: «Komm!» Zusammen mit Bettina erreichen sie die Manege. Sven und Isa sind schon da. Auch Davids Eltern. Vier Gestalten knien neben dem Schimmel: der Junge, seine Schwester, der Mann, den Jana für ihren Vater hält, und ein Fremder mit einer Tasche, wahrscheinlich der Tierarzt. Janas Füße verfangen sich in etwas Weißem, und obwohl sie überhaupt nicht schreckhaft ist, springt sie in blankem Entsetzen zurück. Einen Moment hat sie geglaubt, auf das weiße Pferd zu treten, aber das ist ja woanders. David schaut sie fragend an, und dann starren sie beide auf das Weiße am Boden. Es ist ein weiter Rock mit aufgerissenem Klettverschluss. Wahrscheinlich hat das Mädchen ihn unter den Tüchern getragen und hat ihn von sich geworfen. Es ist der letzte Rest des Märchenspiels. Er wird nun von vielen Füßen getreten. Er ist nicht mehr Teil einer Prinzessin. Deren Geschichte ist vorbei. So hören keine Märchen auf.

DAS HIMMELSPFERD 4

Alberta stand dicht bei dem Pferd. Ihre Augen waren genauso entsetzt wie die des Jungen und auch so dunkel. Sie sah aus, als gehörte sie zu der Truppe. Jana drehte sich zu Bettina um.

«Hast du was kapiert?», fragte sie.

Bettina zuckte die Achseln.

«Herzinfarkt. Denk ich mal. Ich hab schon vorher gemerkt, dass der Hengst nicht in Ordnung war. Er hat so geschwitzt.»

«Glaubst du, er lebt noch?»

«Weiß nicht.»

David zog Jana zu seinen Eltern. Er sprach englisch mit ihnen, sehr schnell, sodass Jana nichts verstand, nur Lizzys Worte am Schluss: «Poor boy. He loves him.»

Und dann hörte sie noch einmal Englisch. Ein paar Meter weiter stand ein Mann mit sehr hellen grauen Haaren und wutrotem Gesicht. Auch er sprach sehr schnell, ein breites Amerikanisch, dazu offenbar in einem Dialekt, völlig unverständlich für deutsche Schülerohren. Ein anderer Mann mit dunklem Haar unterbrach ihn scharf: «Oh, shut up! I know that myself. You needn't bark it all over the world!!!» Durch die Defoes lief ein Blickwechsel, im Dreieck, von Lizzy zu Donald zu David. Dann schloss Lizzy die Augen, David senkte den Kopf. Er griff nach Janas Hand, sagte: «Komm!» und wollte sie fortziehen, aber Jana weigerte sich. Sie schaute auf den Tierarzt. Der stand auf und sagte: «Tja, den müssen wir nicht mehr einschläfern.»

Jana suchte Alberta. Die stand nicht mehr hinter dem Schimmel. Der Mann mit dem dunklen Haar breitete die Arme aus.

«Gehen Sie», rief er. «Wir zahlen Ihnen einen Teil des Eintrittsgeldes zurück. Aber bitte gehen Sie jetzt aus der Manege.»

Jana ließ sich von David weiterziehen. Aber sie schaute noch einmal zurück. Da stand Alberta in der langsam sich leerenden Manege. Sie hatte den weißen Rock aufgehoben. Sie hielt ihn mit beiden Händen. Fast hielt sie ihn im Arm. Es sah aus, als spielte sie eine Rolle in diesem Stück.

Eingeklemmt zwischen vielen fremden Menschen wurden Jana und David nach draußen geschoben. Da war Licht, Sonnenlicht, und der See verdoppelte den blauen Himmel. In der hellen Sonne eines strahlenden Nachmittags atmete Jana auf. Dies war doch Wirklichkeit, nur dies! Was im Scheinwerferlicht da drinnen silberweiß leuchtete, musste eine Täuschung sein. Sie sah Dennis, der sich seinen Eltern anschloss, und Felix, der Christina im Rollstuhl schob. Das war schwierig, denn der Boden war uneben und die kleinen Vorderräder blieben immer wieder hängen. Wohin wollten die eigentlich alle so schnell? Sie hatten sich nicht abgesprochen, dennoch hatten sie offenbar alle dasselbe Ziel. Jana und David liefen zu Felix, um ihm mit dem Rollstuhl zu helfen. Da konnte man endlich etwas Sinnvolles tun. Die Frage war nur, ob es denn überhaupt sinnvoll war, so schnell in diese Richtung zu hasten. Was wollten sie alle hinter dem Zelt, wo die Wohnwagen der Reiter und die Ställe der Pferde waren? Auch Isa und Sven waren plötzlich da.

«Lass uns gehen», verlangte Isa. «Wir können dem Pferd nicht mehr helfen. Es ist tot.»

Aber Sven übernahm den Rollstuhl und schob ihn weiter auf demselben Weg.

«Christina, sag ihm, dass du da nicht hinwillst», verlangte Isa. «Das ist doch jetzt nur noch Sensationsgier. Wir werden in der Zeitung lesen, was passiert ist.»

«Nein! Weiter!», widersprach Christina. «Ich will das wissen! Jetzt!»

«Wir sollten uns um unsere eigenen Pferde kümmern», beharrte Isa, «wir sollten lieber …»

«Ich kümmere mich gerade um unsere eigenen Pferde!» Sven wandte ihr den Kopf zu und stieß den Rollstuhl energisch weiter. «Isa! Du machst jetzt keinen Terror, ja?! Ich tue es für unsere Pferde.»

«Was? Was tust du?»

Das hatte Isa fast geschrien. Hatte sie eine Ahnung, wovon Sven sprach? Jana hatte das jedenfalls nicht.

Hinter dem Zelt verteilten sich die Leute. Viele Neugierige nutzten das allgemeine Durcheinander, um sich einfach nur umzusehen, die Wagen anzuschauen, Pferde in den Paddocks zu streicheln. Aber Svens Augen schienen etwas Bestimmtes zu suchen. Offensichtlich fand er es auch und ging darauf zu. Sie hielten genau vor den beiden Männern. Der eine hatte vorhin so wütend englisch geredet, und der andere mit den dunklen Haaren hatte die Leute aus der Arena vertrieben. Nun war noch ein Dritter dabei. Auch Alberta war da. Sie musste direkt aus der Manege gekommen sein. Und wieder dachte Jana: Als ob sie zu der Truppe gehört ... Aber den weißen Rock hatte sie nicht mehr im Arm. Ihre Hände hingen leer herunter. Sie wirkte sehr allein, wie ausgestoßen und verlassen.

Ein Traktor ratterte über den Platz. Der Fahrer schrie in einer fremden Sprache, weil ihm Leute im Weg standen und nicht auswichen. Schließlich konnte er durch den nun offenen Eingang in die Manege fahren. Hinter ihm hing ein kleiner Kran mit einer Seilwinde. Schlagartig begriff Jana, wozu der gebraucht wurde. Sie schaute ihm nicht nach.

Die drei Männer neben Sven sprachen jetzt deutsch. Nur der Neue wiederholte immer wieder einen englischen Satz, aber den kannte jeder Schüler: «The show must go on!» Sven hatte mit den Männer nichts zu tun, aber es war offensichtlich, dass er lauschte. Jana trat näher.

«... so gut ist das Mädchen nun auch wieder nicht», hörte sie den mit den grauen Haaren sagen, «sie ist doch wieder runtergefallen. Ich will nichts mit denen zu tun haben.»

«Es wird nicht untersucht, woran das Pferd gestorben ist»,

wandte der mit den dunklen Haaren ein. «Niemand hat ein Interesse daran, das zu wissen.»

«Darum geht es nicht», erwiderte der andere. «Das Problem ist, dass wir es wissen. Sie sollen ihre Araber zusammenpacken und verschwinden!»

«Sehe ich auch so», stimmte der Neue zu. «Die Show funktioniert auch ohne Catalinas Araber. Wichtig ist nur: The show must go on!»

«Genau! Was uns wirklich fehlt ist der achte Andalusier für die Quadrille.»

Da drehte Sven sich um. «Was brauchen sie?», fragte er, als hätte er nur den letzten Teil des Satzes mitbekommen. «Andalusier? Wir haben zwei. Sehr gut ausgebildete Hengste.»

Im ersten Augenblick zuckten die drei Männer zurück. Sie mussten erkennen, dass ihnen jemand zugehört hatte. In der kleinen Pause, die entstand, überlegten sie wahrscheinlich, ob sie etwas gesagt hatten, das auf keinen Fall an die Öffentlichkeit gelangen durfte. Dann war das Erste, was der Neue fragte: «Schimmel?»

Sven nickte. Aber da explodierte Isa.

«Bist du komplett verrückt geworden? Willst du aus dieser Katastrophe ein Geschäft machen?»

«Geschäft, ja», Sven nickte und wandte sich wieder den Männern zu. «Ich geh mal davon aus, dass Sie ziemlich gut zahlen, wenn hier jemand einspringt.»

«Pedro kann keine Levade!», schrie Isa.

«Aber Rico», erwiderte Sven.

«Rico ist mein Pferd», fauchte Isa ihn an, «und dafür gebe ich ihn dir nicht!»

«Natürlich nicht», Sven sprach ruhig und langsam, «ich will

das hier ja nicht reiten. Mir passt keins von den Kostümen.
Die sind alle viel kleiner als ich. Nee, das ist dein Job.»
Eine Hand schob sich in Janas, eine schmale, etwas knochige
Hand. Das konnte nicht Davids sein. Theres hielt sich an ihr
fest. Sie klammerte sich fest. Sie war nicht gekommen, um
zu sehen, was der Traktor gleich aus dem Zelt ziehen würde.
Sie hatte Jana gesucht. In dem Zelt jaulte ein Hund. Mehr
als einer. Es hörte sich an, als sei da ein kleines Rudel Wölfe,
das den Mond anheulte.
Während Isa sprachlos mit offenem Mund Sven anstarrte,
verhandelte der weiter mit den Männern.
«Es geht nicht in erster Linie um die Levade», sagte der
Dunkle. «In der Quadrille reitet ein Mädchen mit ihrem
Lusitano. Der ist auch sehr sicher in der Levade. Die hat das
gemacht, bevor uns diese Leute zuliefen. Nicht mit dem Huf
auf dem lebendigen Mädchenkopf, das kann ihr Lusitano
nicht, aber es geht. Nur wäre es jetzt ein Verlust für die Show,
wenn wir die Quadrille auf sechs Pferde runtertrimmen
müssten.»
«Wichtig ist das Schlussbild», schaltete sich der Grauhaarige
ein. «Passage, Piaffe oder Spanischer Schritt – was davon
können Sie?»
«Alles», behauptete Sven.
«Nur dass ich da leider nicht mitmache!»
Isa hatte ihre Sprache wiedergefunden.
«Doch, das wirst du», Svens Stimme war eindringlich, aber
sehr sanft. «Du tust es für unsere Pferde. Wird nicht für lange
sein. Die finden sicher bald einen Ersatz.»
«Eine Woche», unterbrach der Grauhaarige, «dann reisen wir
nach Norden und da haben wir jemand dafür. Morgen Nach-

mittag ist keine Vorstellung, also haben wir Zeit zum Proben. Wir zahlen gut. Vorausgesetzt, Sie können das wirklich reiten.»

«Das kann sie. Isa, wir brauchen Geld. Wir haben hier nicht annähernd so viele Reitschüler wie vorher. Werden wir hier auch nie haben. Und wir haben ein Cushing Pferd. Isa!»

«Blesi!» Der Schrei kam von Alberta. Jana hatte gar nicht gemerkt, dass sie neben ihr stand.

«Dieses Fell! Dieses ewig lange Fell! Blesi hat Cushing!» Sven drehte sich zu ihr um.

«Ja, leider. Blesi ist positiv auf Cushing getestet. Er kann damit leben. Aber die Medikamente sind teuer. Isa!»

Während Isa fassungslos ihren Sven anstarrte, fragte Jana Alberta: «Was ist Cushing?»

«Genau weiß ich es auch nicht», antwortete Alberta. «Irgendwas im Gehirn. Die Pferde werden klapperdürr und werfen das Winterfell nicht ab. Und wenn sie dieses Medikament nicht kriegen, sterben sie, glaube ich.»

«Pedro hat bessere Nerven», sagte Isa leise. «Wenn es nicht um die Levade geht, sollte ich ihn nehmen, er ist sicherer.»

Das Motorengeräusch des Traktors zog alle Blicke zum Eingang des Zeltes. Er fuhr langsam. Hinter ihm, an dem Kran, hing das tote Pferd. Sie hatten ihm alle vier Hufe zusammengebunden und es daran aufgehängt. Jana wollte nicht hinschauen und tat es doch. Sie schloss die Augen und öffnete sie wieder. Aber sie nahm die Brille ab. Die Konturen verschwammen ein wenig und der Hengst wirkte nicht mehr so entsetzlich tot. Unerträglich blieb, dass sein Kopf leblos hin und her baumelte. Da fiel Jana etwas auf. Erst zögerte sie, dann schob sie die Brillengläser wieder vor die Augen. Der weiße Pferdekopf war sauber. Nur wenn man sehr genau hinschaute – und wer wollte das schon? –, konnte man Spuren vom Sand der Arena erkennen. Auch der Körper glänzte wieder fast makellos weiß. Mähne und Schweif bewegten sich, sorgfältig gekämmt, im leichten Wind. Hunde folgten ihm. Waren es sechs? Oder mehr? Mischlingshunde in ganz verschiedenen Größen.

Jana schaute zum Eingang des Zeltes. Da stand der Junge. Sein Gesicht war verschmiert, seine weißen Kleider scheckig vom Sand. In der rechten Hand hielt er eine Pferdebürste, in der linken den völlig verdreckten weißen Rock der Prinzessin. Jana fielen die Worte ein, die Lizzy vorhin in der Arena gesagt hatte: «Poor boy. He loves him.»

Theres' Klammergriff löste sich aus ihrer Hand. Jana sah ihre Freundin am Boden kauern, ihre Schultern zuckten. Sie streichelte ein kleines weißes Hündchen mit langen Schlappohren und einem schwarzen Fleck über dem rechten Auge. Es leckte ihre Hand. Wahrscheinlich hatte es Barana gewittert. Zu gern hätte Jana ihm weiter zugeschaut. Aber es gab hier noch eine andere Wirklichkeit.

Sie hob den Kopf und sah dem sich langsam entfernenden Traktor nach. Zu wissen, dass Morisco sauber gebürstet und trockengerieben war, empfand sie als einen merkwürdig sanften Trost. Der Traktor fuhr nun auf ebener Straße. Der Pferdekopf baumelte nicht mehr. Sie sah den großen weißen Körper jetzt vor dem Hintergrund des Himmels. Ein Schimmel in der Flugphase des Galopps. Alle vier Beine unter dem Körper. Den Kopf hoch erhoben. Mit fliegender Mähne. Mit übermütig hoch gerecktem Schweif. So galoppierte er ins Blau des Horizonts. Ein Himmelspferd.

Was störte es ein Himmelspferd, dass es verkehrt herum lief.

ÜBERRASCHUNGS-RITT

Unter immer noch blauem Himmel fuhr das Schiff nun in die andere Richtung zurück über den See. Es war wieder voller Leute, die von Pferden sprachen, aber leiser jetzt, manche schwiegen und starrten ins Wasser. Und wenn es in dieser oder jener Gruppe einmal laut wurde, dann nicht, weil sich begeisterte Mädchenstimmen gegenseitig übertönten, sondern weil geschimpft wurde oder, schlimmer noch, es forderte jemand: «Das können wir doch nicht so hinnehmen! Das ist ein Fall für den Tierschutz. Wir sollten …»
Alberta hörte nicht zu. Als sie das Schiff verließen, fuhr sie mit Isa zurück zum Rappenhof. Sie saß vorn. Ohne den gewohnten bösen Stich in der Brust, ließ sie sich von den

anderen Mädchen auf den Beifahrersitz schieben. Auf die Rücksitze quetschten sich möglichst viele von den ganz Dünnen, und zu denen gehörte sie nun mal nicht. Es war so still im Auto, dass sie nicht einmal merkte, wie viele eigentlich da hinten saßen. Und es blieb auch ungewohnt still, als sie dann auf dem Rappenhof im Offenstall den Mist absammelten und das Heu verteilten. Solange sie mit den anderen arbeiten konnte, war Albertas Kopf leer. Aber als sie mit dem Rad allein nach Hause fuhr, lärmten Fragen hinter ihrer Stirn, viele, die schrien alle zugleich von innen gegen ihre Ohren:

Was war mit dem Pferd?

Woran ist es gestorben?

War es krank?

War es alt?

Würde es noch leben, wenn es nicht hätte auftreten müssen?

Haben die ihm was gegeben?

Was haben sie ihm gegeben?

Und wer?

Hat er es gewusst? (Wie heißt er? Ich will es nicht wissen!)

Hat er es ihm selber gegeben? (Und wie heißt er?)

Hat er sein Pferd umgebracht?

Sie würde es nie erfahren. Und sie wollte es auch nicht wissen! Sie wollte in Erinnerung behalten, was sie gesehen hatte. Er hatte das Pferd geputzt. Der Junge mit den schwarzen Augen, dessen Blick sie vor der Pause zufällig aufgefangen hatte, dunkel, fremd in fremd – er hatte sein totes Pferd geputzt. Er hatte den Sand aus dem Schweif geschüttelt und die Mähne gekämmt. Und wie er den großen Kopf gehalten hatte! Mit den Fingern vom Staub befreit. Die Nüstern gestreichelt. Die Schopfhaare über die Augen gelegt. Und wieder weggeschoben. Er hatte in das dunkle Auge seines Pferdes geschaut, in dem nun keine Panik mehr war, aber auch nichts anderes. Einfach nichts. Geweint hatte er nicht. Nur geputzt. Mit ruhigen, gleichmäßigen Bewegungen, die ein nervöses Pferd nicht erschreckt hätten, die einem toten nicht die Ruhe störten, während um ihn herum alles lärmte, hektisch hin und her lief, tobte und schrie. Er hatte das verschwitzte Fell, als das Pferd schon an dem Traktor hing, mit dem Rock der Prinzessin trocken gerieben, bis der makellos weiße Rock völlig verdreckt war, aber das Pferd wieder zu einem Schimmel wurde.

Als Alberta den halb verfallenen Hof erreichte, den man ihrer Familie zugewiesen hatte, glaubte sie fest: Er hat mit diesem Unglück nichts zu tun. Er hat dieses Pferd geliebt, nicht getötet. Bevor sie ins Haus ging, holte sie das Programmheft aus ihrem Rucksack und las unter den Namen der Teilnehmer: Manuel Romero.

Die Fassade des alten Hauses sah noch genauso heruntergekommen aus wie vor drei Jahren, als sie aus Kasachstan hier ankamen. Die Stadt hatte kein Geld, einer zum Teil arbeitslosen Aussiedlerfamilie das Haus zu renovieren. Irinas erdbeerfarbener Panda stand im Schuppen. Das war gut. Mit ihrer Schwester würde sie vielleicht reden können.

Sie ist seit Tagen abends nicht mehr weggegangen, fiel Alberta plötzlich auf. Hat sie sich mit ihrem Freund verkracht? Sie sagt auch fast nichts.

Betroffen wurde ihr klar, wie wenig sie in letzter Zeit ihre Schwester beachtet hatte. Und nun saß sie selber wortlos beim Abendessen. Ihr Vater ritzte beim Wurstschneiden tiefe

Kerben in das Holzbrett. Er war also schlecht gelaunt. Vielleicht hatte er wieder einen Brief bekommen, in dem ihm eine Bewerbung um eine Arbeitsstelle abgelehnt wurde. Da am Tisch grundsätzlich die Laune herrschte, die er hatte, waren alle stumm. Niemand fragte Alberta nach der Pferdeshow. Sie war froh, als sie endlich allein in ihrem Zimmer war. Von diesem Raum aus war das ganze Haus zu ertragen. Sie wollte aufstehen und hinüber zu ihrer Schwester gehen, da klopfte es. Das musste Irina sein. Die anderen klopften nicht.

«Darf ich?»

Irina schob ihren beneidenswert schmalen Körper durch die Türöffnung. Der Kopf darüber wirkte wie Albertas etwas fremdländisch. Auch Irina hatte die schwarzen Augen und die hohen Wangenknochen von ihrer kasachischen Großmutter geerbt. Allerdings hatte sie sich die streichholzkurzen Haare hellblond gefärbt. Der Vater hatte getobt, als sie eines Tages so nach Hause kam. Aber in Irinas Gesicht waren keine Spuren von seinen Ohrfeigen. Auch ihre bunten langen Ohrringe waren nicht gefährdet. Nicht einmal in einem Wutanfall hatte er sie ihr abgerissen, denn Irina hatte eine Arbeitsstelle, keiner in der Familie verdiente so viel wie sie. Wortlos setzte sie sich neben ihre Schwester auf das Bett.

«Also, was hast du?», fragte sie.

«Das frage ich dich», antwortete Alberta. «Du hast doch was. Du bist schon ein paar Tage so komisch.»

Irina nickte. «Das hast du aber erst heute gemerkt!» Es klang wie ein Vorwurf.

«Ja», gab Alberta zu, «hätte ich es eher merken sollen?»

«Ja. Nein. Ach, vergiss es. Du hast auch den Kopf voll.»

«Ist was mit Michael?», fragte Alberta.

«Quatsch. Der ist 23. Warum sollte der sterben?»

«Wer sollte sterben?»

«Alberta! Ich arbeite in einem Altenheim. Da kommt so was vor.» Und sehr viel leiser fuhr sie fort. «War mir halt bis dahin nicht passiert.»

«Einer von den Alten ist gestorben?»

«Da sterben dauernd welche. Sie haben schon viele rausgetragen, seit ich da bin. Aber ich war noch nie dabei, als … Alberta, ich weiß nicht, ob ich das aushalte.» Sie zog die Füße auf das Bett, schlang die Arme um die Knie und murmelte: «Eigentlich war es gar nicht so schlimm.» Leicht lehnte sie den Kopf an Albertas Schulter. «Ich kann mit Micha nicht darüber reden. Er will nichts von Tod hören, wenn ich bei ihm bin. Vielleicht ist es das, was mich so nervt. Auch. Aber – ich weiß nicht, ob ich schuld bin, dass die Frau gestorben ist.»

«Schuld? Wieso?»

«Weil ich keinen Arzt geholt habe. Es war die Margareta. Wir mochten sie alle und haben sie unter uns immer Margareta genannt. Eine von den glücklichen Alten. Drei Kinder, jeden Tag kam Besuch. Am Nachmittag hat sie noch ganz normal ihren Kaffee getrunken. Sie liebte ihren Kaffee. Aber als ich ihr das Abendessen brachte, hab ich es gleich gesehen. An ihren Augen. Und sie hat mir eine Hand entgegengestreckt, die rechte. Ich hab das Tablett weggestellt und ihre Hand genommen. Da hat sie etwas gelächelt. Aber ich hätte gleich rausrennen und einen Arzt holen sollen. Sie hat mich nämlich nicht mehr losgelassen. Ich konnte nicht mal den Klingelknopf erreichen. Und schreien mochte ich nicht. Sie sah nämlich ganz zufrieden aus. Ich glaube nicht, dass sie mich erkannt hat. Ich war irgendwer. Jemand bei ihr. Und ich wusste, dass sie stirbt. Ich hab ihre Hand gehalten, bis sie losließ. Da war sie dann tot.»

Sie schwiegen beide. Alberta legte einen Arm um Irinas Schultern.

«Da hätte doch kein Arzt helfen können», flüsterte sie.

«Das weiß ich», murmelte Irina. «Trotzdem.»

So saßen sie eine Weile. Dann spürte Alberta, wie sich Irinas Schultern unter ihrem Arm wieder aufrichteten.

«Jetzt du», sagte sie. «Was ist bei dir passiert.»

«Auch Tod.»

Und Alberta erzählte. Nur davon, dass ein Junge mit schwarzen Augen sein totes Pferd geputzt hatte, berichtete sie nichts. Dann blieben die beiden Schwestern auf dem Bett sitzen und hielten sich in den Armen, bis sie beide fast glücklich waren.

«Solange du in diesem Haus wohnst, bleibe ich», versprach Irina. «Aber ich werde wohl niemals verstehen, was du an diesen Viechern so toll findest, ich meine, den Pferden.»

«Und bis du das endlich kapiert hast, bleibe ich», sagte Alberta.

Es ging ihr doch gut. Sie konnte mit Irina reden, mit Jana, Theres, Isa … Allerdings hatte sie das Gefühl, dass sie über das Unglück in der Pferdeshow mit keiner von diesen reden konnte. Aber es fiel ihr nun wieder leichter, tief durchzuatmen. Und am nächsten Tag konnte sie sich wieder aufregen, und zwar über ein Buch, das im Reiterstüble auf dem Tisch lag und das einen empörenden Titel hatte, denn: Man sagt nicht «Gaul»!

Alle Bücher in der Stadtbücherei, in denen das Wort «Pferd» mehr als einmal vorkam, hatte Alberta gelesen. Bücher mit dem Wort «Gaul» las sie nicht! Wer vom Rappenhof konnte im Reiterstüble ein Buch mit dem Titel *Der geschenkte Gaul* liegen gelassen haben? Ein buntes Karussellpferd war auf dem Umschlag. Trotzdem sah es nicht aus wie ein Kinderbuch. Also gehörte es wahrscheinlich einer Frau aus der «Kochlöffelreitstunde» heute Morgen, einer von den reitenden Hausfrauen. Aber Isa räumte doch immer alles sofort auf. Isa hätte das Buch mit spitzen Fingern angeekelt vom Tisch genommen und in das Regal «Fundsachen» gelegt. Halt! Nein! Sven hatte heute Morgen die Reitstunde gemacht. Isa war mit Pedro auf der anderen Seeseite und probte die Achterquadrille im Zelt der Pferdeshow, wo gestern …

Krachend fiel das große Hoftor zu und Sven polterte ins Reiterstüble.

«Hi, Alberta!»

Er hatte das Handy am Ohr und stürzte sich auf eine alte Kiste, in der allerlei Gerümpel war.

«Letzte Chance», sagte er ins Handy und wühlte mit der andern Hand in der Kiste. Dabei redete er weiter. «Alberta? Ja, die ist hier. Soll ich sie dir geben? … Da musst du sie nicht fragen, natürlich will die mit dir ausreiten. He! Treffer! Ich hab sie!»

Er zog einen klappernden metallenen Gegenstand aus der Kiste.

«Nur das Gebiss, aber das reicht dir ja. … Wann? … Was? Moment, das muss ich aufschreiben.»

Er warf den metallenen Gegenstand auf den Tisch. Es war eine Kandare mit geschwungenen Stangen, eine S-Kandare.

«Noch mal», sagte er, «also: Lara soll es mit Skuggi versuchen, die andern egal, nur Mana nicht einteilen wegen Alberta. Okay, bis dann.»

Er stellte das Handy ab. Alberta hatte viele Fragen, sie wusste nicht, welche sie zuerst stellen sollte, entschied sich dann rasch für: «Klappt das mit Isa und Pedro in der Quadrille? Und – ähh – gibt es was Neues? Hat sie was erzählt von Manuel – ähh, dem Pferd, das gestern ...»

«Nee. Davon redet niemand. Sie hat gefragt, aber da kriegt sie keine Antwort.»

«Und die Leute? Der Mann und das Mädchen und der – der Junge?»

«Keine Ahnung. Hat sie nicht gesehen. Die sind wohl schon weg.»

Er prüfte die Kandare und nickte zufrieden.

«Das ist Pedros. Die von Rico suchen wir schon lange. Weißt du, die reiten das mit S-Kandare und wollen das einheitlich, ich find's nicht so wichtig, aber können sie haben. Ist schon komisch, was den Leuten wichtig ist, es geht doch ums Reiten und nicht ...»

So redete er weiter, schnell und offensichtlich bester Laune. Alberta kannte ihn nun fast ein Jahr, und er hatte noch nie so viel auf einmal gesprochen. Normalerweise war Sven so schweigsam, wie man sich einen echten Isländer vorstellte. Und jetzt plapperte er wie die kleinsten Pferdekinder nach der Reitstunde. Warum? Weil er so erleichtert war? Weil Isa nun mal ziemlich viel Geld verdienen würde? Weil sie nun die teuren Medikamente für Blesis Cushing Syndrom bezahlen konnten? Stand es vielleicht viel schlechter um die Reitschule, als Alberta geglaubt hatte?

Sie war eine Weile abgelenkt gewesen. Nun hörte sie ihm wieder zu und horchte auf, weil er sagte: «… und dann will sie mit dir ausreiten. Sie könnte ebenso gut den Reitunterricht machen, aber das hängt sie mir an den Hals. Du – die Frau nützt mich aus!» Dabei grinste er, schnappte nach dem Buch mit dem empörenden Titel *Der geschenkte Gaul* und fuhr fort: «Und Zeit zum Lesen hat sie auch noch!»

«Das?!?» Alberta fuhr hoch. «Das ist doch nicht Isas Buch! Isa liest keine Bücher über ‹Gäule›!»

Sven lachte.

«Irrtum, Alberta, das ist kein Pferdebuch. Das hat eine alte deutsche Sängerin geschrieben. Die niemals richtig singen konnte. Irgendwie fährt Isa im Moment total auf die ab. Dauernd singt sie: ‹Für mich soll's rote Rosen regnen, mir sollen alle Wunder begegnen›» - das brummte er mit seinem tiefen Bass und dann seufzte er: «Was für ein Kitsch! Als diese Alte da das gesungen hat – hier …», er klappte das Buch auf und zeigte Alberta ein Foto von der ‹Alten›, eine junge, ziemlich schöne Frau, «da klang das nicht halb so kitschig, weil – die hatte eine Stimme wie eine verrostete Bratpfanne, aber das Problem ist, Isa kann ja wirklich singen. Komm, wir machen den Stall.»

«Sag mir erst noch, warum das Buch was mit ‹Gaul› heißt.»

«Ach so, das ist nur ein Sprichwort. Du kannst gut Deutsch inzwischen, aber so was fehlt dir immer noch. Also, das Sprichwort: ‹Einem geschenkten Gaul schaut man nicht ins Maul.› Und da muss es ‹Gaul› heißen, ‹Pferd› reimt sich nicht.»

«Kapier ich nicht. Musst du mir erklären», forderte Alberta.

«Ganz einfach. Wenn dir jemand eine Tafel Schokolade schenkt, dann bist du höflich und …

«… sagst nicht: Ich esse keine Schokolade mehr, weil ich abnehme.»

Sven seufzte. «Nein. Du nimmst die Schokolade und suchst nicht nach dem Verfallsdatum. Also: die Schokolade ist der geschenkte Gaul und das Verfallsdatum – warum steht das beim Pferd im Maul?»

«Kapiert! Weil ich an den Zähnen sehen kann, wie alt das Pferd ist. Okay, dann machen wir jetzt den Stall.»

Das ging schnell. Wenn Sven zupackte, flog der Mist und es sausten die Schubkarren. Besonders wenn er wütend war. Oder wenn er so gute Laune hatte wie heute. Einmal, als sie beide gleichzeitig eine Ladung Pferdeäpfel in die Karre warfen, hörte sie ihn leise singen. Und ziemlich deutlich verstand sie die Worte: «… mir sollen alle Wunder begegnen …»

Eine knappe Stunde später – sieben kleine Mädchen sattelten gerade ihre Ponys – fuhr Isa mit dem großen Allradwagen auf den Hof. Auch sie hatte strahlende Laune. Alberta war ein bisschen enttäuscht. War das wirklich ihre Isa? Sie kam von dem Ort, wo gestern auf fürchterlichste Weise ein Pferd gestorben war, und sie lachte. War es so ein tolles Gefühl, in dieser Pferdeshow zu reiten? Natürlich war es das! Aber konnte man die panischen Augen des andalusischen Schimmels deshalb so vollkommen vergessen? Morisco! Alberta hörte immer wieder diesen Schrei, sah immer wieder diese Augen. Morisco …

«Überraschung!», rief Isa. «Wir machen jetzt einen Überraschungsritt mit Überraschungspferden zu einem Überraschungsort!»

«He, mach mal langsam», bremste Alberta, «zuerst …»

«… holen wir Mana und Stjarni.»

Daran war nichts überraschend. Dass sie Mana reiten würde, hatte Alberta schon mitbekommen. Und Stjarni war schließlich Isas eigenes und bestes Pferd.

«Hast du was rausgekriegt über Morisco?», wollte Alberta wissen.

«Über wen?»

«Morisco. Der Andalusier, der Levadeur, der …?»

«Hieß der so? Wieso weißt du das?»

«So hat das Mädchen ihn gerufen. Hast du sie gesehen? Und die anderen?»

Isas Gesicht wurde ungewöhnlich hart und abweisend.

«Die sind weg», sagte sie. «Morisco! Wie kann man ein Pferd so nennen! Das sagt doch schon alles.»

«Wieso? Was bedeutet das?»

«Das war ein Schimpfwort im alten Spanien. So nannten die Spanier damals die Araber, ich meine, die Menschen, und so nennt man kein Pferd, nicht, wenn man es liebt.»

«Aber das hieß doch wohl schon so, als sie es gekauft haben.»

«Na und? Kann man doch ändern. Wir haben Hamingja schließlich auch einen neuen Namen gegeben. So – damit weißt du's. Wir reiten aus und nehmen Hamingja und Ljosadis als Handpferde mit. Überraschung?»

Gelungen! Einen Augenblick war Alberta sprachlos. Dann zögerte sie.

«Glaubst du, ich schaffe das? Mana mit einer Hand reiten und Hamingja führen?»

«Klar. Ich nehme Stjarni. Neben ihm laufen alle drei Stuten gern.»

Das also wurde Albertas erster Ausritt mit ihrer geliebten Hamingja. Sie konnte sie noch nicht reiten. Es würde noch lange dauern, bis die so lange vernachlässigten Hufe einen Reiter durchs Gelände tragen konnten. Dafür sah sie ihre gescheckte Stute, sie lief rechts neben ihr, also blickte Alberta immer auf Hamingjas linke Seite und schaute in das linke Auge, das helle, blaue, das Menschenauge. Von ihrem Ziel wusste sie noch immer nichts als: Überraschungsort.

Allerdings ritt Isa die ganz gewöhnlichen Wege in Richtung Lizzys 3D-Ranch, bog aber dann nicht nach rechts ab, sondern ging geradeaus, weiter aufwärts.

Alberta genoss es, mit zwei Pferden zugleich unterwegs zu sein. Eins reiten, eins sehen – war dieses Glück noch zu steigern? Oben auf dem Hügel kamen sie aus dem Wald. Der Weg wurde breit, und Isa ritt neben sie.

«Da!», sagte sie.

Da war nichts. Nichts Besonderes. Eine von Defoes Weiden, und zwar eine von denen, die mit den aufwendigen weißen Latten eingezäunt waren, die sich der Islandpferdehof nicht leisten konnte. Es stand aber nicht ein einziges Tier darauf, kein Pferd, kein Rind.

«Was ist daran jetzt so toll?», fragte Alberta.

«Noch nichts. Ljosadis und Hamingja dürfen nur schon mal gucken.»

«Warum? Was gibt's da zu sehen?»

«Wart's ab. Bald werden da Pferde sein, zum Beispiel Ljosadis und Hamingja. Die Defoes haben uns die Weide für den Sommer zur Verfügung gestellt.»

«Hamingja und Ljosadis sollen weg vom Hof?» Alberta war gar nicht begeistert.

«Nicht allein. Sie kommen in gute Gesellschaft. Wir dürfen sie dieses Jahr noch nicht reiten.»

«Aber ihr habt doch genügend Weiden. Warum können sie nicht bei uns bleiben?»

«Weil unsere nur mit Elektroband eingezäunt sind.»

«Na und? Da gehen die doch nicht durch.»

«Die nicht, aber …»

«Aber wer?»

«Tut mir leid, das sollte ich dir wohl nicht sagen. Ich hab gedacht, dass du es weißt. Schließlich seid ihr beste Freundinnen.»

«Isa! Das ist gemein! Ich will das jetzt wissen!»

«Bald.»

Da hörten sie ein Wiehern, Hufschlag, auf der angrenzenden Weide erschien ein Pferd, ein Schimmel. Im ersten Moment dachte Alberta, es wäre El Sham vom Ulmenhof. Denn wie es mit hohem Kopf und Schweif weiß am weißen Zaun entlangflog, erkannte sie sofort, das musste ein Araber sein.

«Das ist keins von Defoes Pferden», murmelte Isa völlig verblüfft, «das ist – das ist doch da nicht allein?»

Sie konnten diese Weide nicht überblicken, weil sie hangabwärts lag, aber sie hörten ein weiteres Pferd wiehern. Oder zwei? Und dann Hufschlag. Von vielen Hufen. Bevor Alberta klar wurde, was sie erwartete, was sie erhoffte, dachte sie: Lieber Gott, lass es fünf sein, eins ist schon da, fünf und eins und alle weiß …

Ein Kopf nach dem anderen tauchten sie über der Hügelkuppe auf. Araber, sechs weiße Araber!

«Ich fass es nicht», flüsterte Isa, «sind die Defoes verrückt geworden?»

«Was glaubst du, was das ist?», fragte Alberta. Ihre Stimme zitterte.

«Siehst du doch. Hast sie doch gestern gesehen. Kurz bevor ihr anderer Schimmel starb.»

Sie sind hier! Hier bei uns! Die Defoes haben ihre Pferde aufgenommen!

In Albertas Kopf wirbelte eine Quadrille von sechs reiterlosen Pferden.

«Na ja», sagte Isa, «die Defoes sind nett. Und die Pferde müssen ja irgendwohin. Die drei Menschen dazu haben sie hoffentlich in die Wüste geschickt.»

«Isa!», rief Alberta. «Die drei Menschen sind am Ende! Sie haben doch nicht nur ihre Arbeit verloren. Denen ist ein Pferd gestorben! Und sie können doch nichts dazu.»

«Können nichts dazu!», schnaubte Isa. «Alberta! Sei nicht so naiv!»

«Du meinst, Morisco würde noch leben, wenn – wenn Manu ihn nicht mehr – , wenn sie ihn nicht mehr geritten hätten? Du meinst, sie haben ihm was gegeben, damit er die Nummer noch …»

«So ungefähr. Sie haben das tote Pferd sehr schnell verschwinden lassen.»

Aber vorher hat er es geputzt, dachte Alberta.

«Ich will mit diesen Leuten nichts zu tun haben!», sagte Isa. Sie wendete ihre beiden Pferde. «Los! Ich muss heute Abend noch diese Quadrille reiten.»

Vielleicht sind sie doch da, dachte Alberta. Bei den Defoes. Die haben ja Platz genug. Hoffentlich – sind sie nicht da …

Sie wollte ihren Traum behalten, den Traum von dem fremden Jungen mit den dunklen Augen, sie wollte ihn zurückträumen in die Zeit, als Morisco noch lebte. Wahrscheinlich war es besser, sie würde ihn nie wiedersehen.

CAPPUCCINO
IM GLAS

6

Theres schaute nach vorn. Sie starrte durch die Windschutz-
scheibe, so wie früher, als ihr immer schlecht geworden war,
wenn sie zur Seite aus dem fahrenden Auto blickte. Das war
längst vorbei. Sie hätte jetzt ohne Probleme aus dem Seitenfenster schauen können, aber wenn sie ihrer Mutter schon
keine Antwort gab, so mochte sie nicht auch noch den Kopf
von ihr wegdrehen.

«Und ich garantiere dir, du wirst ihn genauso hinreißend
finden wie wir alle», sagte Frau Rohner. «Sven und Isa sind
völlig begeistert, und die verstehen was von Pferden, das
weißt du doch. Jetzt nimm mir das nicht mehr übel, weil
ich mal gesagt habe, er sei eine Geldanlage. Das war nicht so

gemeint. Manchmal sagt man was, nur weil man es in seiner Kindheit so oft gehört hat. ‹Geldanlage› war ein häufiges Wort in meiner Familie, nun sag doch mal was!»

«Deine Familie hat ja dann auch 'ne Menge Geld angelegt», war alles, was Theres herausbrachte.

«Wirf mir nicht immer vor, dass wir reich sind und du trotzdem nicht das Pferd haben kannst, das du wirklich willst. Christina braucht Bjalla. Du hast das selber entschieden.»

Sie schwiegen eine Weile. Barana, im Heck des Volvos, hatte sich nicht hingelegt. Sie drehte sich im Kreis, schwankte in den Kurven und fiepte nervös.

Ich hätte ihr ein Spielzeug mitgeben sollen, dachte Theres, irgendwas, wo sie drauf rumkauen kann. Sie ist total durchgeknallt. Sie merkt immer alles.

Denn ihre eigenen Gedanken liefen so hektisch hin und her wie ihre Hündin im Auto, zwischen Bjalla, dem neuen Isländer, den sie noch nie gesehen hatte und – Sebastian …

Er war wieder nicht gekommen. Ob er wirklich in sie verliebt war? Aber das war nicht gerecht, was sie da dachte, nein, das war falsch. Er war vier Mal auf dem Rappenhof gewesen, und sie hatte noch kein einziges Basketballspiel gesehen. Sie interessierte sich nicht für Basketball. Und Sebastian interessierte sich nicht für Pferde.

«… und die Farbe! Du guckst ihn an und glaubst es nicht. Du guckst ihn noch mal an und glaubst es immer noch nicht.»

Wann hatte ihre Mutter wieder angefangen, von diesem Pferd zu schwärmen? Sie hatte nicht zugehört.

«Der Schwarze von Isa, weißt du, den du so gern haben wolltest und sie verkaufen ihn uns nicht, wie heißt er noch?»

«Stjarni.»

«Stjarni, richtig, der ist vielleicht genauso schön, aber schwarze Pferde gibt es in Massen und Bogatyr …»

«… ist windfarben», unterbrach Theres, «genau wie Hrimi und Vindfaxi.»

«Eben nicht genau!», wehrte ihre Mutter ab. «Die sind sehr hübsche Ponys mit einer sehr hübschen Farbe. Aber wenn du Bogatyr siehst, dann – ja dann versteht man endlich, warum die Isländer das windfarben nennen. Er hat viel mehr Farbe. Und er ist viel mehr Wind!»

«Ich hätte gern Hrimi gekauft, ich mag ihn», sagte Theres.

«Ach, diese Faxis. Die haben eine Farbe wie Milka Kuhflecken. Aber Bogatyr ist wie heißer, frischer, duftender Cappuccino mit Milchschaum, Cappuccino im Glas.»

«Die Milka Kuhflecken ist was ganz Besonderes», verteidigte Theres ihren Hrimi. «Und außerdem trinkt man Cappuccino nicht aus dem Glas.»

Sie drehte den Kopf nun doch zur Seite und schaute aus dem Fenster. Warum ging ihre Mutter ihr so sehr auf die Nerven, wenn sie von diesem Pferd erzählte?

Es ist wegen Svala, dachte sie. Ist doch schlimm genug, dass Bjalla nur noch in den Ferien auf dem Rappenhof sein kann.[6] Ja, Christina braucht sie und muss sie dicht bei sich haben. Aber Bjalla braucht Svala, die einzige Freundin, die sie dort hat. Sonst gibt es in dem Stall keine Isländer. Und jetzt wollen die ihr Svala wegnehmen. Für diesen Cappuccino im Glas!

Fast wurde ihr wieder übel, als sie aus dem Seitenfenster

---

6 Die Geschichte von Bjalla und Svala wird in *Hufspuren*, Band 3 erzählt.

schaute. Laternenpfähle glitten vorbei, Häuser, Gartenzäune, dann nur noch Bäume, Wiesen, und sie fuhren auf den Parkplatz vom Rappenhof.

Theres stieg aus dem Auto und schaute zum hinteren Teil des Parkplatzes, dahin, wo die Pferdehänger abgestellt wurden. Das machte sie immer. Es war schon ein richtiger Tick geworden. Aber der Hänger, den Christinas Vater immer auslieh, war nicht da. Natürlich nicht. Bjalla würde erst in den Sommerferien kommen. Während der Schulzeit wurde Christina immer nur mal für einen Nachmittag hierher gebracht. Wegen Felix. Und ohne Bjalla. Als Theres hinter ihrer Mutter über den weiten Hofplatz stolperte, fiel ihr ein: Das Moped! Ich hab gar nicht geguckt, ob Sebastians Moped da ist.

Vergessen. Immer wieder vergaß sie zu hoffen, dass Sebastian kommen würde. Schlimmer noch war dies: Als er das letzte Mal hier war, hatte Isa ihr Stjarni gegeben. Sebastian sollte auf Gletta sitzen und die sollte Theres als Handpferd neben Stjarni führen. Es kam selten vor, dass Theres Isas Super-Pony reiten durfte. Das war letzte Woche gewesen, als Isa jeden Tag ein- bis zweimal in der Pferdeshow auftreten musste. Theres hatte sich riesig gefreut. Und beim Pferdeputzen hatte sie nur noch an Stjarni gedacht und war ganz verblüfft gewesen und ziemlich erschrocken, als sie den langen schmalen Sebastian hilflos mit dem Hufkratzer in der Hand neben der kleinen Schimmelstute Gletta sah. Sie hatte ihn vergessen.

«Sie sind noch nicht da», sagte ihre Mutter.

Noch war es leer im Stall. Die erste Reitstunde fing am Donnerstag immer erst um halb vier an. Darum hatten Isa und Sven diesen Tag gewählt, um das neue Pferd zu holen. Im Laufe der nächsten Viertelstunde trafen alle Rappenhof-Fans ein, mehr als sonst am Donnerstag. Sie waren neugierig auf den neuen Isländer. Barana fing wieder an zu fiepen und Theres griff rasch nach ihrem Halsband. Denn Henny und Jenny stolzierten über den Hof mit hohen Köpfen und sehr majestätisch erhabenen Schritten. In perfekter Aufrichtung und Versammlung, würde ein Dressurrichter sagen, nur dass sie dabei weder schnaubten noch wieherten, sondern gackerten. Die beiden Hühner waren neu hier und Jagdhündin Barana wollte noch nicht so ganz einsehen, dass die zwei keineswegs zu ihrem Vergnügen angeschafft wurden.

Es hätte fast einen Krach gegeben, als Isa von ihrem letzten Auftritt in der Pferdeshow zurückgekommen war. Sie hatte die Hängerklappe heruntergelassen, langsam und ruhig stieg Pedro rückwärts aus dem Hänger. Ihm folgten, genauso selbstsicher, zwei rotbraune Hennen.

«Was? Was ist das?!?!?!», fragte Sven entsetzt.

«Hühner», informierte Isa, «zwei.»

«Weder meine biologischen noch meine mathematischen Fähigkeiten sind überfordert», sagte Sven, «aber ich verstehe den Zusammenhang zwischen diesem Ort und diesen Tieren nicht. Was um alles in der Welt sollen die hier? Haben sie dich da in Viehzeug ausbezahlt? Ich dachte, du bringst Geld!»

«Sie legen keine Eier mehr», erklärte Isa.

«Na toll! Wenn sie dich schon in Hühnern bezahlen, hätten sie dir wenigstens welche geben können, die Eier legen!»

Isa hatte tief Luft geholt und erzählt, dass Henny und Jenny in den Suppentopf sollten, eben weil sie keine Eier mehr legten, und da hatte ein kleiner Junge schrecklich geweint – na da hatte sie die Hühner eben mitgenommen. «Pedro mag sie», hatte sie die neuen Hofbewohner verteidigt. «Sie sind immer in seiner Box gewesen, wenn ich ihn da allein lassen musste.»

Pedro war nicht der Einzige, der die Neulinge für eine interessante Bereicherung des Rappenhofes hielt. Die beiden Stallkatzen strichen beharrlich um die Hennen herum, hielten aber einen respektvollen Abstand, besonders von Hennys Schnabel. Die Hunde Lleu und Goewin jagten die Hühner nicht, zumindest nicht, um sie zu fressen, aber sie trieben die beiden vor sich her über das ganze Gelände, Border Collies eben, Hütehunde. Nur Theres' Jagdhündin stand wieder zitternd auf drei Beinen, die linke Vorderpfote erhoben, den Schwanz gestreckt und gespannt wie ein Zügel in einer viel zu harten Reiterhand. Theres rief sie zurück und Barana gehorchte unwillig.

Und da kam *er!*

Sven fuhr einen weiten Bogen durch den Hof und hielt so, dass der Hänger in Richtung Stalltor zum Halten kam. Isa sprang aus dem Auto, ließ die Hängerklappe herunter und bevor die neugierig wartenden Isi-Fans dieses Pferd sahen, hörten sie es wiehern. Das war nicht ein tastendes hilfloses Rufen: Wo bin ich? Das hieß: Ich komme! Wo ist meine Herde? Natürlich sahen sie alle ihn zuerst nur von hinten, fast nur den Schweif, denn der fiel über die Hinterbeine bis auf den Boden.

Milchschaum, dachte Theres, Cappuccino-Draufsicht, schlecht serviert, absolut nicht der Standard eines guten italienischen Restaurants.

Denn die Milch-Kapuze eines korrekt zubereiteten Cappuccino muss die Oberfläche der Tasse ganz bedecken, und hier sah man um den Schweifansatz herum die mokkaschwarz-braune Kruppe des Pferdes. Außerdem hatte der Milchschaum einen leichten Silberglanz, und das gehörte sich für einen Cappuccino auch nicht. Sven war im Hänger und ließ das Pony langsam rückwärts die Rampe hinunter treten. So tauchte jetzt im glatten Sommerfell der Rücken auf. Cappuccino im Glas? Wieder dieser Silberglanz, der nicht zum Kaffee passte, und fleckig war dieses Fell auch. Wie bei Hrimfaxi und Vindfaxi, musste Theres sich eingestehen. Das leicht in sich gemusterte Fell mit dem silbernen Schimmer war typisch für die Windfarbenen, geäpfelt wie bei einem Apfelschimmel – Silver Dapple nannte man auf Englisch diese Farbe.

Dann von oben der Blick auf die Milchschaum-Mähne. Beidseitige Doppelmähne – Isa und Sven hatten über dieses Wort doch immer nur gelästert. Beidseitige Doppelmähne! Das war so doppelt und überflüssig wie «schwarzer Rappe»! So hatten die zwei immer gegrinst, wenn jemand über die Doppelmähne von Stjarni sprach. Bei einem Windfarbenen aber gab es da wohl nichts zu lästern. Über beidseitig fallende Doppelmähnen in Silberweiß sprach man nur mit Hochachtung, ja Ehrfurcht.

Da war er aus dem Hänger. Sven drehte ihn um und Theres vergaß den idiotischen Vergleich ihrer Mutter mit dem Cappuccino im Glas. Er war einfach nur noch schön. Er warf den Kopf hoch, die langen Schopfhaare fielen ihm um die kleinen dunklen Ohren und noch einmal wieherte er. Eine Hand griff nach der von Theres und drückte sie fest. Alberta.

Theres wandte ihr den Kopf zu und blickte in die geradezu verzückten Augen ihrer Freundin.

«Ich verstehe», flüsterte Alberta.

«Was verstehst du?»

«Die vielen kleinen Andeutungen, die Isa gemacht hat. Über die Wiese von den Defoes, und dass die fest eingezäunt sein muss. Ljosadis und Hamingja sollen dahin und noch ein paar Stuten. Jetzt verstehe ich: das ist ein Hengst.»

Theres nickte.

«Windfarben», schwärmte Alberta weiter, «vielleicht wird Hamingja ein windfarbenes Fohlen bekommen.»

«Nicht vielleicht», sagte Theres, «mit Sicherheit. 100 pro. Er ist reinerbig rappwindfarben. Isa und Sven sind komplett durchgeknallt: ‹ein reinerbig rappwindfarbener Hengst!› Alle seine Fohlen kriegen diese Farbe, nur, na ja, Hamingja hat eine Chance, ihn auszutricksen. Wenn es ein Schecke wird, sieht man von der Farbe nicht viel. Da sieht er dann alt aus mit seinen Super-Genen.»

«Wie heißt er?», wollte Alberta wissen.

«Bogatyr.»

«Was bedeutet das?»

«Keine Ahnung. Mama, was bedeutet Bogatyr?»

«Es ist ein Dichtername für ‹Pferd›», informierte Frau Rohner.

«Oder», rief Alberta, «im Russischen ist ein Bogatyr ein Kämpfer, Krieger in den alten Heldensagen!»

«Passt gut», meinte Frau Rohner, «er hat was Heldenhaftes.»

Theres starrte ihre Mutter entsetzt an und verpasste einen kurzen Kampf zwischen Sven und dem Hengst. Nur aus den Augenwinkeln sah sie, wie Bogatyr sich etwas auf den

Hinterbeinen erhob und mit dem rechten Vorderbein hoch und weit ausschlug. «Etwas Heldenhaftes!» Wenn ihre Mutter jemals etwas Idiotischeres gesagt hatte als ihr übliches «Pass auf dich auf!» und «Sei vorsichtig!», dann war es ja wohl das. Heldenhaft! Waren die jetzt alle total durchgeknallt? Und da hatte Sven Bogatyr schon wieder im Griff. Wie ein braves, nur gar zu temperamentvolles Pony tänzelte er am durchhängenden Halfterstrick über den Hof. Ihm folgten mit glühenden Augen, keinen Blick von ihm wendend, sämtliche Reiter vom Rappenhof.

Hollywood vor der Oscar-Verleihung, dachte Theres. Der Star ist vorgefahren in seinem Rolls Royce. Die Fans fallen gleich in Ohnmacht. Okay, sein Outfit ist perfekt. Aber warum guckt keiner mal zurück?

Da nämlich entsorgte Isa gerade eine beträchtliche Menge Mist aus dem «Rolls Royce».

Sie gingen zum Putzplatz. Sven band Bogatyr an, strich ihm über den Rücken, kontrollierte Beine und Hufe. Als Isa kam, sagte er gerade: «Ich trau mich nicht, ihn auf dem Platz laufen zu lassen. Kann sein, er geht drüber. Wir müssen ihn bis morgen in die Box sperren. Dann kommt er mit seinen Stuten auf die Weide. Aber er sollte sich heute noch bewegen. Also werd ich ihn reiten.»

«Wieso du?», fragte Isa.

«Weil du schon so ein Pferd hast.»

Da hatte er recht. Dem konnte Theres nur zustimmen. Stjarni war genauso schön wie Bogatyr, nur eben schwarz.

«Hol den anderen», schlug Sven vor. «Wir machen eine kleine Show. Das wird mindestens so gut wie die Isi-Nummer im *Magischen Huf.*»

Isa nickte begeistert, wollte gleich gehen, aber Sven bat: «Hilf mir erst noch. Den perfekten Blick für den richtigen Sattel hast du. Was passt auf diesen Rücken? Ich denk mir, wenn der Sattel nicht sitzt, wird dieses Pony ziemlich ungemütlich.»

Während Isa und Sven zwischen Sattelkammer und Putzplatz hin und her liefen und Sättel ausprobierten, fragte Alberta Theres aus. Normalerweise wusste sie zwar mehr über Pferde, weil sie viele Bücher gelesen hatte, aber wie das mit der Vererbung der Farben funktioniert, hatte in keinem gestanden.

«Erklär es mir», forderte sie. «Reinerbig rappwindfarben. Wie das klingt! Und woher weißt du das alles?»

«Isa und Sven nerven mich seit drei Wochen mit ihrem ‹reinerbig rappwindfarben›. Eigentlich wollten sie einen Hengst für die Decksaison mieten, aber meine Mutter hat gemeint, sie könnte einen kaufen. Und da kamen sie mit diesem ‹reinerbig rapp-› …»

«Das Wort kenne ich jetzt. Ich will wissen, was das für unsere Fohlen bedeutet.»

Unsere Fohlen! Alberta hatte die offenbar schon adoptiert.

«Dass sie alle rappwindfarben werden. So wie er. Und die Faxis. Nur wenn die Stute ein Schimmel oder ein Schecke ist, kann sie ihn austricksen. Kann, muss aber nicht.»

«Ist doch genial», meinte Alberta. «Ich liebe windfarbene Pferde.»

«Ich auch», stimmte Theres zu, «zum Beispiel Hrimi.»

Alberta schaute sie nachdenklich an.

«Was hast du gegen ihn? Du hast doch was.»

«Sie wollen Svala decken lassen!», platzte Theres heraus.

War es das? War das wirklich der Grund, warum sie dieses Pferd so ablehnte? Svala war Christinas Pony gewesen. Aber nach einem Unfall würde man sie niemals wieder reiten können. Frau Rohner hatte die schwarze Stute eigentlich nur übernommen, weil sie als Einzige die Tierarztkosten bezahlen konnte. Svala aber war Bjallas beste Freundin, und nachdem Bjalla zu Christina hatte umziehen müssen und alle ihre alten Freunde in der Herde hier verloren hatte, war Svala ihre letzte Freundin.

«Ich verstehe», murmelte Alberta, «Christina und ihre Eltern halten es nicht aus, dass deine Mutter ihnen nun auch noch ein Beistellpferd für Bjalla bezahlt. Also soll Svala zu etwas nutze sein und muss ein Fohlen haben. Ich verstehe.»

Das war der Unterschied zwischen den beiden Freundinnen. Genau das verstand Alberta gut und Theres überhaupt nicht. Solche Idioten, dachte sie. Die paar tausend Euro, die Svala im Jahr kostet, machen uns doch nichts aus. Aber dass Bjalla allein ohne Svala nur mit ein paar fremden Pferden bei Christina leben soll, das macht mich wahnsinnig! Diese Idioten! Können sie sich nicht einfach mal was schenken lassen. Und wir tun das doch für Bjalla, nicht für Christina.

Isa und Sven hatten sich für einen Sattel entschieden.

«Der gefällt mir nicht», sagte Frau Rohner. «Wir kaufen einen neuen.»

Und Theres erschrak. Wer sollte das Pferd mit dem neuen Sattel reiten?

Bogatyr war sauber. Sven hatte ihn rasch gesattelt und aufgetrenst. Er führte ihn zum Reitplatz. Wieder folgte ihm die Schar seiner Fans. Theres blieb. Isa kam mit Stjarni aus dem Paddock.

«Willst du nicht gucken?», fragte sie. «Willst du ihn nicht sehen?»

«Doch!», Theres nickte. «Ich will ihn sehen. Stjarni!»

So half sie Isa den schönen Rappen putzen und satteln.

«Ich find's ja toll, dass du unserem Stjarni treu bleibst», sagte Isa, «aber ich glaube, da steckt was anderes dahinter. Das ist nicht nur Treue. Du hast was gegen Bogatyr. Warum?»

«Ihr nehmt Bjalla ihre einzige Freundin weg!»

«Zwei Monate kommt Svala auf die Hengstweide. Und ein Teil der Zeit sind Ferien. Da kann Bjalla hier sein. Das ist doch nicht alles. Was hast du noch?»

Theres zuckte die Achseln. «Vielleicht Angst», murmelte sie. «Ja. Dacht ich mir schon.»

«Ich will hier keine Angst haben!», sprudelte es aus Theres heraus. «Ich hab so viel Angst auf dem Ulmenhof gehabt. Ich will das hier nicht. Ich hatte noch nie vor einem Isländer Angst. Nur vor dem. Schon bevor ich ihn gesehen habe. Weil ihr immer so über ihn geredet habt. Als ob er ein wildes Tier ist.»

«Pardon, Theres, tut mir leid. Er ist eine große Chance für uns. Und er ist kein wildes Tier. Und reiten musst du ihn überhaupt nicht. Den Sommer über wird er mit den Stuten auf der Weide sein. Was wir ab Herbst mit ihm machen, wissen wir noch nicht. Wie könnte er hier leben? Ich mag ihn nicht in Einzelhaft in eine Box sperren. Mal sehen.»

Stjarni war fertig. Theres begleitete ihn und Isa zum Reitplatz. Schon von Weitem sahen sie, wie Bogatyr da in grandiosem Tölt die Beine hochwarf.

«Okay», hörte sie Isa sagen, «das können wir auch. Nur so eine Leuchtmähne haben wir nicht.»

So war es. Stjarni wurde durch den Hengst-Kollegen angeregt, einmal alles zu zeigen, was er konnte. Vier schwarze und vier mokkafarbene Beine flogen unter dunklen und hellen Fahnen von flatternden Mähnen und Schweifen. Auch Theres konnte nicht nur auf Stjarni schauen. Auch sie musste den anderen ansehen und musste zugeben, dass ihr das Herz stehen- und die Luft wegblieb.

«Kleiner Pas de deux?», rief Sven Isa zu. «Hält dein schöner Schisser einen richtigen Hengst neben sich aus? Oder rennt er dann gleich zurück nach Island?»

«Kommt nur!», war Isas Antwort.

So trafen sich der Schwarze und der Windfarbene, liefen Schulter an Schulter, trennten sich, umkreisten sich und gingen dann wieder dicht nebeneinander auf die Mittellinie.

«In Tölt 1.1.!», rief Sven.

Das war die schwierige Aufgabe einer Töltprüfung. Der Reiter muss die Zügel nachgeben, ganz durchhängen lassen, und am hingegebenen Zügel soll das Pferd ohne Taktfehler weitertölten.

Für Stjarni kein Problem. Für Bogatyr auch nicht. Aber – wurde er langsamer? Er fiel ein wenig hinter Stjarni zurück. Sven reagierte sofort. Ahnte er, was geschehen würde? Auf dem Gestüt seines Großvaters hatte er viel Erfahrung mit Hengsten gewinnen können. War das für ihn völlig normal? Für Theres nicht! Fassungslos sah sie zu, wie Bogatyrs Kopf zur Seite schoss, wie in seinen Augen etwas Weißes aufleuchtete, wie es auch aus seinem dunklen Maul weiß blitzte und seine Zähne packten Stjarnis Widerrist. Aber da hatte Sven die Zügel schon wieder aufgenommen, er hatte dieses Pferd vollkommen im Griff. Noch einmal trieb er

Bogatyr vorwärts, dann parierte er durch zum Schritt. Isa auch. Stjarni blieb stehen. Er zitterte. Isa sprang ab, prüfte den Widerrist.

«Hat er was?»

Isa schüttelte den Kopf, streichelte ihr Pony und führte es im Schritt.

«Bisschen hengstig ist er schon», sagte Sven. «Aber er darf mal einem Rivalen zeigen, wer der Chef ist. Alles im grünen Bereich.»

«Ich weiß nicht», flüsterte Alberta neben Theres. «Hast du seine Augen gesehen. Als er zupackte? Ich glaube, ich mag ihn nicht.»

CLOWN 7

Alberta fuhr mit dem Rad durch den Wald. Die Reifen sanken tief in den dick mit Tannen-, Fichten- und Kiefernnadeln bedeckten Boden. Unter den Nadelbäumen war es ziemlich dunkel. Und es ging aufwärts. Sie keuchte. Ihr Gesicht war sehr rot. Auch mit dem alu-leichten Fahrrad, das einmal Theres gehört hatte, war dies keine bequeme Strecke. Denn das war kein Radweg. Und seit mehr als 500 Metern war es auch nicht mehr der Weg, der zum Rappenhof führte. Es war 2 Uhr. Vor halb 4 erwartete Isa sie heute nicht. Sie war gleich nach dem Mittagessen aufgebrochen. Irina, die Spätschicht hatte, war sofort bereit gewesen, die Küche allein aufzuräumen. Sie hatte Albertas hastigen Aufbruch ohne Fragen unterstützt. Ahnte sie, dass Aufregung und Eile ihrer Schwester diesmal nicht einem Pferd galten?

Alberta stieg ab und schob das Rad die letzten Meter bis zur Hochebene. Wie viel angenehmer war diese Strecke gewesen, als sie vor ein paar Tagen mit Isa und vier Ponys hier geritten war. Und dabei musste sie jetzt auch noch denken! Sie brauchte einen Grund. Wie sollte sie erklären, warum sie am frühen Nachmittag bei den Defoes auftauchte?

Ich könnte sagen, dachte sie, ich soll – ich soll fragen, ob das wirklich in Ordnung geht mit den sechs Hengsten auf der Weide direkt neben Bogatyr und den Stuten. Auf dem Ulmenhof ließen sie den Araberhengst El Sham nicht mal neben einen Wallach auf die Koppel.

Quatsch! So was macht man am Telefon. Bestimmt hat Sven das schon lange geklärt.

Oder ich könnte sagen …

Aber es fiel ihr nicht einmal eine halbwegs glaubwürdige Erklärung ein. Noch war das nicht schlimm. Noch befand sie sich an einem Ort, wo sie ihre Anwesenheit nicht rechtfertigen musste. Denn dies war auch nicht der Weg zum alten Gutshof, höchstens ein sehr weiter Umweg über das Gelände der Defoes.

Sie kam aus dem Wald und stand vor der Weide von Bogatyr und den Stuten. Fünf waren es bis jetzt. Vom Rappenhof Hamingja, Ljosadis und Svala und von den insgesamt neun angemeldeten Gaststuten waren zwei bereits eingetroffen, Füchse beide, keine von ihnen würde ihre Farbe vererben. Alberta schob das Rad zu dem weißen Weidezaun. Bogatyrs Kopf flog aus dem Gras, wiehernd kam er auf sie zu getrabt. Auch die Stuten blickten ihr entgegen. Der Hengst beruhigte sich schnell. Albertas Befürchtung, dass er sich wie ein grässlicher Macho aufführen würde, dass er die Stuten unaufhörlich über die Wiese treiben und damit Hamingjas immer noch empfindlichen Hufen schaden würde, hatte sich als unbegründet erwiesen. Isa hatte sie ja gleich beruhigt: «Hamingja ist die allerletzte Stute, die der nerven würde. Hamingja wird die Chefin von der Herde, 100 pro! Er wird sie behandeln wie eine gleichrangige Königin.»

Und damit hatte sie recht gehabt. Die große Scheckstute hatte sofort die Führung übernommen. Alberta kletterte auf den Zaun und versuchte, die angrenzende Weide zu überblicken. War es nicht doch etwas leichtsinnig, sechs arabische Hengste direkt neben einen weiteren Hengst zu stellen? Vielleicht war da irgendetwas passiert? Nichts Schlimmes, bitte, nur eine Kleinigkeit. Dann hätte sie einen Grund zu Lizzys 3D-Ranch zu fahren. Ziemlich fies, so etwas zu hoffen. Sie sah nichts von den Arabern. Aber das Gelände senkte sich, von hier konnte sie nicht über die gesamte Wiese schauen. Sie sprang über den Zaun. Hamingja kam ihr entgegen, Ljosadis und Svala blieben dicht hinter ihr. Noch mieden sie die beiden fremden Fuchsstuten. Alberta freute sich, dass ihre große gescheckte Freundin auf sie zukam und von ihr gestreichelt werden wollte.

«Hab ein Scheckfohlen», flüsterte sie ihr ins Ohr. «Es kann ruhig so komische Flecken haben wie du. Wir brauchen diese Mode-Windfarbe nicht. Ich will auch, dass Isa und Sven dein Fohlen nie nie verkaufen.»

Dann senkte Hamingja ihre Nase wieder ins Gras, und Alberta lief quer über die Weide. Von dort konnte sie das ganze Land überblicken. Keine Pferde. Das Tor am Weg, der zum Gutshof führte, stand offen. Sie war sehr erleichtert.

Sie sind weg, dachte sie. Die Defoes haben ihre Pferde für ein paar Tage aufgenommen, und nun sind sie weitergefahren. Mit einem riesigen Pferdetransporter.

Sie war enttäuscht und sie war erleichtert.

Manuel war weg. Sie würde sich nicht mehr den Kopf zerbrechen und nach einer Erklärung suchen, warum Morisco gestorben war. Nun durfte sie Manuel behalten, ganz still, ganz für sich allein. Und einen Grund, zu Lizzys 3D-Ranch zu fahren, brauchte sie jetzt auch nicht mehr.

Langsam ging sie zurück zu ihrem Fahrrad. Sie war auf eine sehr angenehme Weise traurig. Sie streichelte noch einmal Hamingja, nun hatte sie ja Zeit. Hamingja war Wirklichkeit, Manuel würde ein Traum bleiben. Das war viel besser als umgekehrt. Von Manuels schwarzen Augen träumen und in Hamingjas blaues Menschenauge blicken. An Manuels schwarze Haare denken und Hamingjas schwarzweiße, immer etwas verzottelte Mähne streicheln. Damit war sie auf der sicheren Seite. Kein Streit mit dem Vater. Kein Konflikt mit Isa – und jetzt konnte sie zum Rappenhof fahren.

Alles war leichter geworden als vor einer halben Stunde, auch der Weg, natürlich, es ging ja nun bergab. Sie sauste durch den Nadelwald auf den Abzweig zum Gutshof zu. Ihre Finger griffen nach den Bremsen. Das war nur vernünftig, sie fuhr zu schnell. Tannennadeln sind kein guter Boden für ein Radrennen. Aber ihre scharfe Wendung nach links war überhaupt nicht vernünftig. Fast wäre sie gestürzt, und nur indem sie kräftig in die Pedale trat, konnte sie das Rad auf dem Weg halten. Auf dem Weg wohin?

Vielleicht fahren sie gerade ab, dachte sie. Vielleicht bringen sie gerade ihre Pferde in den Laster. Vielleicht kann ich ihn noch einmal sehen. Von Weitem, nur von Weitem …

Und schon von Weitem sah sie auf dem Parkplatz vor dem Gutshof neben dem Pferdetransporter der Defoes einen zweiten noch größeren Laster, bunt bemalt wie eben ein Zirkuswagen. Darauf stand: *Los Romeros*. Das waren Manuel, Neto und Catalina Romero, Alberta hatte es im Programmheft gelesen. Sie fuhr um die Hofanlage herum. Auf dem Reitplatz hinter den Stallungen der Defoes galoppierten sechs arabische Schimmel.

Sie hielt, stieg ab, schob das Rad, schob es vorbei an dem Schuppen, in dem sie normalerweise die Räder abstellten. Sie fühlte sich hilflos, als sei dieses Rad ein ungezogenes Pferd, das ihr nicht gehorchte, das einfach irgendwohin ging und sie am Halfterstrick hinter sich her schleifte.

Wenn mich jemand fragt, was ich hier will, dachte sie, dann sage ich, mir ist das Rad durchgegangen. Quatsch!

Neto Romero stand mitten auf dem Reitplatz. Mit seiner langen weißen Gerte dirigierte er die Schimmel. Die preschten alle zusammen wie eine durchgehende Herde auf eine am Boden kauernde Gestalt zu. Es sah aus, als überrannten sie das hilflose Wesen, aber da saß es plötzlich auf einem der Schimmel. Und einen Augenblick später stand es auf zwei Pferden, mit jedem Fuß auf einem Rücken. Als Erstes fiel Alberta auf, dass dies nicht Catalina sein konnte. Die schmale hohe Gestalt, die sie vor einer Woche im *Magischen Huf* auf diesen Pferden gesehen hatte, war ihr wie eine Elfe erschienen. Der da jedoch hatte viel kürzere Beine. Ihm fehlte die Leichtigkeit, er kämpfte um das Gleichgewicht. Es war

Manuel. Er hatte gewiss für diese Nummer nicht trainiert, er hatte ja eine andere gehabt, aber die war tot. Alberta stand am Ende des Reitplatzes. Genau da gingen die Schimmel in eine scharfe Kurve. Manuel warf die Arme ins Leere, er stürzte zwischen die beiden Pferde, eines der folgenden sprang über ihn hinweg. Sein Vater ließ die Gerte sinken, die Schimmel blieben stehen oder gingen Schritt, irgendwo von oben kam ein verächtliches Lachen. War der Junge verletzt? Ohnmächtig? Er blieb liegen, rührte sich nicht. Das Lachen von oben wurde zu einem Schimpfen in einer Sprache, die Alberta nicht verstand, Spanisch wahrscheinlich. Sie drehte sich um. Auf dem Dach eines großen Traktors saß Catalina. Manuel lag noch immer. Zwei kleine Hunde, ein schwarzer und ein weißer, quetschten sich unter der Umzäunung des Reitplatzes durch, liefen zu Manuel, leckten ihm die Hände, den Kopf, das Gesicht, das er halb verborgen in seinen Armen hielt. Es waren noch mehr Hunde da, größere, die jagten kläffend außerhalb des Reitplatzes herum.

Alberta schaute sich um. Von den Defoes war niemand zu sehen. Catalina sprang vom Traktor, sprang einfach aus der Höhe auf den harten Boden und hörte dabei nicht einmal auf zu schimpfen. Unter den vielen wütend geschrienen fremden Lauten erkannte Alberta ein wiederholtes vertrautes Wort: Clown.

«Clown! Clown! Clown!»

So wie Catalina das über den Reitplatz warf, klang es nicht nach Pappnase und bunten Flickenkleidern, nicht wie etwas, über das auch nur irgendein Kind einmal fröhlich gelacht hatte.

«Clown!»

Alberta hatte nicht gewusst, dass dies ein Schimpfwort war.

«Pardal?»

Neto Romero war näher gekommen und sprach zögernd mit leicht besorgter Stimme seinen Sohn an.

«Pardal?»

Ohne den Kopf zu heben, antwortete Manuel so etwas wie: «Dechame!»

Sein Vater ging. Die Gerte in einer Hand kletterte er über die Umzäunung des Reitplatzes. Vier Hunde fielen über ihn her. Mit einem einzigen Wort jagte er sie davon. Sie kamen jaulend und kläffend zu Alberta gerannt, beachteten sie aber gar nicht, sondern streckten ihre Köpfe unter den Zaun, so weit es ging dem Jungen entgegen. Auch einer der Schimmel war gekommen. Seine dunklen Lippen verstrubbelten Manuels schwarzes Haar. Dann war es plötzlich still. Daran merkte Alberta, dass Catalina fort war. Manuel hob langsam den Kopf. Endlich konnten das weiße und das schwarze Hündchen ihm quer über das Gesicht lecken. Er setzte sich. Der kleine weiße Hund schaffte es, ihm in die Arme zu springen. Verletzt schien er nicht zu sein. Er sah Alberta und zuckte zurück.

«Was machst du hier?», fragte er. Seine Stimme klang abweisend, fast feindlich. «Ich will nicht daran erinnert werden», fuhr er fort, und sie wusste sofort, was er meinte.

«Hast du dir wehgetan?», fragte sie.

«Nein.»

«Deine Leute haben dir überhaupt nicht geholfen.»

«Sie wissen, dass ich mich nicht verletze. Ich lasse mich immer fallen, bevor es wirklich gefährlich wird. Und dann stelle ich mich tot, bis sie weg ist.»

Das schwarze Hündchen klammerte sich an sein Bein, er setzte auch das weiße wieder auf den Boden, hockte sich daneben und sprach mit den anderen Hunden durch den Zaun. Dann stand er auf, lockte mit einem weichen Schnalzer den Schimmel noch näher heran.

«Das ist Ziryab», stellte er den Araber vor. «Die anderen mögen mich auch, aber sie zeigen es nicht. Meinst du, du kannst vergessen, was du gesehen und gehört hast?»

«Was soll ich vergessen?»

«Alles. Wie Morisco gestorben ist. Dass ich wieder runtergefallen bin. Und was Catalin gesagt hat.»

«Ich habe nichts davon verstanden.»

«Clown?»

«Ja, Clown, sonst habe ich nichts verstanden.»

«Das reicht doch.»

Er drehte sich um, lockte mit seinen weichen Schnalzern die anderen Pferde, und als Alberta ihn zwischen den hochbeinigen Arabern sah, fiel ihr wieder auf, was für kurze Beine er hatte.

Clown, dachte sie, ja, es gibt solche Clowns. Artisten sehen anders aus.

So lange er auf seinem Pferd saß, war ihr das nicht aufgefallen.

«Kannst du eigentlich reiten?», fragte er.

«Reiten?» Alberta war verblüfft. «Nein – ähh – nein, nur ein bisschen.»

Er ging zum Zaun und holte ein Halfter.

«Also wie gut kannst du reiten? Fällst du, wenn du auf einem Pferd sitzt, so schnell runter wie ich, wenn ich drauf stehe?»

Alberta musste ein wenig grinsen.

«Ich kann auch drauf stehen», sagte sie. «Ich hab mal ziemlich gut voltigiert. Aber reiten, so wie du geritten bist mit deinem …»

«Kannst du den vergessen? Ich habe dich gesehen, als ich in der Levade vor der Loge stand. Können wir alles, was danach kam, vergessen?»

«Ja!», sagte Alberta und das meinte sie ehrlich, denn in diesem Augenblick war es genau das, was sie selber wollte.

Er legte einem der Pferde das Halfter an und rief: «Komm endlich rein!» Alberta lehnte das Rad an den Zaun und kletterte hinüber. Manuel brachte ihr den Araber. «Nimm Boabdil», meinte er, «der hat einen Galopp wie das beste Voltigierpferd. Ich lasse dir das Halfter und den Zügel, weil du dich damit wahrscheinlich sicherer fühlst. Brauchen wirst du sie nicht.»

Er hielt ihr die Hände als Steigbügel hin. Alberta dachte nicht lange nach, setzte den linken Fuß in seine Hände und schon saß sie auf Boabdil. Manuel öffnete das Tor zum Reitplatz, sprang auf Ziryab und kaum war er auf dem Pferd, da wirkte er wieder so groß und sicher wie seine Schwester. Als die 24 kleinen harten Araberhufe auf dem Pflaster vor den Stallungen klapperten, begriff Alberta, warum sie keine Zügel brauchten. Die Hunde regelten das. Auf ein paar Handzeichen von Manuel trieben sie die sechs Pferde dahin, wo er sie haben wollte, nämlich zurück auf ihre Weide. Sobald sie zwischen den Weidezäunen auf dem Grasweg waren, fragte Manuel: «Galopp?» Und sie nickte.

Es wurde für Alberta so etwas wie ein Erinnerungsritt an ihre Zeit auf dem Ulmenhof, nur viel viel schöner. Sie saß nicht auf einem Voltigierpferd, das an seiner Longe nur in

einem engen Kreis laufen konnte. Sie saß auf – Boabdil ...
Was immer dieser Name bedeuten mochte, es musste mit
Weite und Glück zu tun haben. Und neben ihr ritt Manuel.
Das Weidentor stand offen, sie hatte es ja vorhin gesehen,
und sie galoppierten bis mitten in die Weide hinein. Von der
anderen Seite des Zauns begrüßte sie Bogatyrs Trompeten-
wiehern.

«Zurück müssen wir leider laufen», sagte Manuel und sprang
von Ziryab. Alberta schaute auf den aufgeregt am Zaun hin
und her rennenden Bogatyr, und als sie sich langsam von
Boabdil gleiten ließ, fragte sie: «Ist es nicht ein bisschen
gefährlich, sechs Hengste neben einen Hengst und seine
Stutenherde zu stellen?»

Langsam und bedauernd, weil sie sich nun von ihm verab-
schieden musste, zog sie Boabdil das Halfter vom Kopf.

«Was für Hengste?» Manuel sah sie verblüfft an. «Du meinst
unsere Araber? Nein, die sind schon lange kastriert.»

«Ahh – ich habe gedacht, so Zirkuspferde sind immer
Hengste.»

«Normal ja. Aber wir finden, die haben mehr vom Leben,
wenn man sie einfach zusammen auf eine Weide lassen kann.
Das geht mit Wallachen doch besser.»

Sie sind gut zu ihren Pferden, dachte Alberta, sind sie doch.
Viel besser als Rena, und die ist noch die Netteste vom
Ulmenhof. Und die kommt nicht auf die Idee, ihren Sham
kastrieren zu lassen. Der arme muss immer allein sein.

«Aber der Andalusier war ein Hengst?»

Ein kurzes Nicken. Ein wütender Blick verbot ihr, weitere
Fragen zu diesem Pferd zu stellen.

«Ich hab dich in der Vorstellung gesehen», sagte er. «Ich bin es gewohnt, dass Mädchen mich so angucken, ich meine, wenn ich reite, besonders in der Show. Ich sehe sie immer. Und da gucken die immer so. Aber nicht mit solchen Augen. Wo hast du die geklaut? Das sind Erbstücke von unserer Familie.» Er grinste sie an.

«Wenn ihr wert darauf legt, dass ihr die selber habt» gab Alberta zurück, «dann müsst ihr sie nicht überall auf euren Touren rumliegen lassen. Ich hab sie aus Kasachstan.»

«Au, das ist ziemlich weit weg. Da waren wir noch nie. Wir sind meist in Deutschland, sonst immer nur da, wo man Spanisch spricht. Pa kommt aus Guatemala. Lateinamerika.»

«Ja, ich weiß, hab ich im Programmheft gelesen. Ich dachte, ihr kommt alle von da. Du spricht gut deutsch.»

«Ich bin in Deutschland geboren, Catalin in Spanien. Unsere Mutter ist Spanierin. Zur Schule gegangen sind wir beide meist in Deutschland, na ja, wie Zirkuskinder eben zur Schule gehen. Ich hab dabei gut Deutsch gelernt, Catalin nicht, sie ist zu dumm.»

Alberta schaute den Hunden und den Pferden zu. Die Araber hatten die Nasen schon im Gras. Vier der Hunde buddelten nach Mäusen. Die beiden mittelgroßen umkreisten die Pferde wie gute Hütehunde.

«Wie heißt du?», wollte er wissen.

«Alberta.»

«Komischer Name. Hab ich noch nie gehört.»

«In Kasachstan haben meine Eltern geglaubt, dass deutsche Mädchen so heißen. Bis auf meine Großmutter ist meine Familie deutsch. Man gewöhnt sich an komische Namen. Hast du nicht nötig. Manuel ist hier so normal wie Müller. Zum Glück heißt du wenigstens nicht Müller.»

«Ja, aber du sprichst das falsch. Du musst das hinten betonen: Manu-él. Außerdem sollst du mich Pardal nennen, auch hinten betonen: Par-dál.»

«Ist das ein spanischer Name?»

«Nein, aber ein spanisches Wort. Ich war mal Pardal, der Leopard, der Name ist an mir hängen geblieben. Vielleicht weil Leoparden so kurze Beine haben.»

Er drehte sich plötzlich um und schnitt alle weiteren Fragen damit ab. Für den Augenblick vergaß Alberta ihre Neugierde, gemeinsam schauten sie eine Weile den Pferden zu. Zwei hatten aufgehört zu fressen. Mit tiefen Nasen liefen sie auf die beiden Hütehunde zu. Die flohen ein paar Meter, aber sofort hatten sie die Pferde umkreist und versuchten wieder, sie von hinten zu treiben. Die beiden Araber schienen das Spiel zu kennen. Sie stiegen, drehten sich umeinander und jagten sich und die Hunde. Es sah aus wie ein Teil ihrer Vorstellung, aber hier waren sie wirklich frei.

«Ist doch schön, dass wir sie zusammen auf die Weide lassen können», meinte Pardal. «Der da, der gerade auf den Hinterbeinen steht, der war als Hengst ein bisschen schwierig. Das ist Boabdil. Den hast du geritten. Er war ziemlich aggressiv. Ausgerechnet Boabdil. Auch Pferde haben manchmal Namen, die nicht zu ihnen passen.»

«Wieso? Was bedeutet das?»

«Keine Ahnung. Aber es ist ein arabischer Name. Boabdil war der letzte maurische Herrscher in Spanien, in Granada. Er hat sich nicht gewehrt, als er vertrieben wurde, nicht gekämpft. Er war ein sanfter Mensch. Gar nicht aggressiv.»

«Morisco hatte auch einen Namen, der nicht zu ihm passte.»

Schon wieder! Das war ihr so rausgerutscht. Er schwieg.

Dann fragte er leise: «Woher weißt du, was Morisco bedeutet?»

«Ich weiß es eben.»

Von Isa! Sie sollte längst bei Isa sein und den Anfängern helfen, ihre Ponys zu satteln. Noch nie hatte sie Isa versetzt! Rasch verdrängte sie den Gedanken, denn Pardal sprach weiter: «Ich hatte meinen eigenen Namen für ihn, aber den verrat ich dir nicht. Nur Pa und Catalin haben ihn Morisco genannt. Also hat es gepasst, wenn sie ihm ein Schimpfwort nachriefen. Meistens saß ja doch ich drauf.»

Dazu wusste Alberta nichts zu sagen.

«Ich muss gehen», fiel ihr plötzlich wieder ein. «Ich sollte längst woanders sein.»

«Kennst du das schöne Pferd da drüben? Das mit der komischen Farbe?»

«Ja, aber ich muss los. Ich erzähle es dir auf dem Rückweg.»

Pardal reckte sich auf den Zehenspitzen, um Bogatyr jenseits des Zauns besser sehen zu können.

«Der ist so schön wie unser Berber», murmelte er.

«Was für ein Berber?»

«Wir haben noch ein Pferd. Das ist nicht hier.»

Alberta hätte gern mehr über den abwesenden Berber erfahren, aber sie musste nun wirklich zum Rappenhof.

«Lass uns gehen», sagte sie.

Boabdils leichtes Schnurhalfter hatte kaum ein Gewicht. Alberta vergaß, dass es immer noch auf ihrer Schulter lag, als sie ziemlich rasch den Grasweg hinuntergingen. Dabei erzählte sie von Bogatyr. Sie hatten den Gutshof schon fast erreicht, da verlangte sie: «Jetzt sagst du mir noch, wie eure Hunde heißen.»

Er lachte.

«Kannst du dir sechs spanische Namen auf einmal merken?»

«Bestimmt!», behauptete Alberta. «He! Das ist ein super Trick. Ich denke mir jetzt zu jeder englischen Vokabel einen Hund oder ein Pferd oder eine Katze. Vokabellernen wird babyleicht. Also los, lass mich üben!»

«Ich sag dir nur einen. Jeden Tag einen. So lange sind wir vielleicht noch hier. Du kommst und holst dir jeden Tag einen Hundenamen, okay?»

War das nun der Vorwand, hierher zu kommen, nach dem sie so vergeblich gesucht hatte? Konnte sie nun jeden Tag herfahren? Fünf Tage lang? Und wenn Lizzy oder sonst ein Defoe oder Jana sie fragte, was sie hier wolle, dann musste sie nur sagen: «Ich soll mir einen Hundenamen abholen.»

«Los! Welchen willst du heute?»

«Den großen roten. Der aussieht wie ein riesiger Fuchs mit Kippohren.»

«Perfekt! Du hast die Chefin getroffen. Das ist Tormenta. Die hat hier alles im Griff. Und wenn die anderen frech werden, wird sie so, wie sie heißt: Tormenta – Gewitter.»

Diese erste spanische Vokabel war sehr leicht zu behalten. Sie hatten den Gutshof erreicht. Alberta hätte jetzt auf ihr Rad springen und zum Rappenhof fahren sollen. Aber – da war plötzlich wieder diese Frage. Ganz groß und hinderlich stand sie ihr im Weg.

«Eins sagst du mir noch», verlangte sie.

«Okay. Wenn's kein Hundename ist.»

«Warum ist Morisco gestorben?»

Natürlich schwieg er. Er öffnete halb den Mund, aber es kam kein Laut heraus. Nur seine Unterlippe zitterte. Dann streckte er die rechte Hand aus, ihr entgegen. Die zitterte auch. Es war eine hilflose, völlig verlorene Geste. So hält ein Bettler die Hand hin, wenn er längst aufgegeben hat, dass ihm irgendeiner auch nur einen Cent hineinlegt. Was wollte er? Was sollte sie tun? Nach der Hand greifen? Sie in ihre nehmen? Festhalten? Ihre Finger zuckten. Dann sagte er mit heiserer, etwas krächzender Stimme: «Gib mir endlich das Halfter.»

Ach so.

Sie nahm das Halfter von der Schulter und hängte es ihm über die ausgestreckte Hand. Sie achtete darauf, dass sie ihn nicht berührte.

8 BLITZSCHLAG

David hatte Jana eine Überraschung versprochen, schon gestern Nachmittag in der Schule. Alberta hatte gefehlt. Weder Jana noch Theres hatten gewusst warum. Sehr ungewöhnlich. Aber Jana hatte keine Zeit darüber nachzudenken, als sie am Samstagmorgen mit Fantasy zu Lizzys 3D-Ranch ritt. Obwohl sie früh aufgebrochen war, standen schon zwei Pferde angebunden auf dem Putzplatz der Defoes: Zippo und Daffy. War das die Überraschung? Der Fuchswallach Go Zippo Go war Davids persönliches Reitpferd. Durfte Jana nach langer Zeit einmal wieder die Bernsteinstute Daffodils' Morningcry reiten?

David half ihr, Fantasy zu versorgen. Die lackschwarze

Halbblutstute kannte ihren Paddock auf der 3D-Ranch inzwischen und verstand sich gut mit ihren Pferdenachbarn.

«Du guckst Daffy an», sagte David. «Nein, sie ist nicht meine
Überraschung. Mom besteht darauf, dass ich sie selber reite.
Wenigstens bis zur Zuchtprüfung. Es ist wichtig für uns, dass
sie eine Platinmedaille bekommt. Gold langt uns nicht. In
allen Fachzeitschriften muss ganz oben stehen, dass wir eine
Amber Champagne Stute haben.»

«Ich find die Farbe ja auch toll», meinte Jana, «aber ist das
denn sooo wichtig? Bettina sagt immer: ‹Ein gutes Pferd hat
keine Farbe.›»

«Natürlich kennen wir den Spruch», stimmte David zu, «klar,
ein gutes Pferd hat keine Farbe. Aber eine gute Farbe hat
ihren Preis. Jana, wenn wir hier nicht noch eine Reitschule
machen, müssen wir von unseren Zuchtpferden leben!
Die Leute zahlen irre Preise. Für Hochleistungspferde. Das
wollen wir nicht. Und für schöne Pferde. Das wollen wir.
Die auf dem Rappenhof machen es doch genauso.»

«Meine Eltern könnten also nie ein Pferd von euch kaufen?»

«Ein Amber Champagne Fohlen von Daffy? Hm. Ich glaube,
da lassen wir lieber Theres’ Mutter zahlen. Aber das klappt ja
nicht immer mit der Farbe. Ich zeig dir gleich ein Pferd, bei
dem es nicht geklappt hat.»

So ritt Jana also Zippo, und auf dem Weg über das Weideland
der 3D-Ranch erzählte David von der Überraschung:

«Wir haben zwei dreijährige Stuten. Genau zwei. Und wenn
Daffy ihre Prüfung hinter sich hat, muss ich sie nicht mehr
jeden Tag reiten. Aber Dennis hat mit Just for Justine noch
jede Menge zu tun. Die ist noch mitten in der Grundaus-
bildung. Also habe ich Zeit für ein neues Pferd und er nicht.

Da habe ich Mom gefragt, ob sie dir zutraut, dass du mit mir zusammen eine von den jungen Stuten trainierst. Sie meint, du schaffst das. Also, du musst nur Ja sagen. Dann können wir jetzt immer zusammen mit den beiden Jungstuten arbeiten. Nur wir. Niemand sonst.»

Was für ein Leben! Mit Fantasy zur 3D-Ranch reiten und da zusammen mit David zwei junge Stuten trainieren! Alles über die Ausbildung von jungen Pferden lernen. Und zwar mit David! Ein Sommer mit David und zwei Pferden. Dann ein Herbst! Dann ein Winter! Für ein solches Jahr brauchte sie eigentlich einen neuen Kalender. Einen, der jetzt gleich im Sommer begann und der nie nie einen Silvesterabend erreichte.

«Mom hat aber gesagt, du musst erst deine Eltern fragen. Du darfst nichts Gefährliches machen. Also, zum ersten Mal drauf sitzen werde ich.»

«Ich hab doch keine Angst!», rief Jana. «Und meine Eltern auch nicht. Die sind da ganz cool.»

Und weil sie beide nicht wussten, was sie jetzt noch sagen sollten, und weil der Weg gerade günstig war, entschieden sie sich für einen kleinen Galopp.

Als sie die Fohlenweide erreichten, sahen sie zunächst nicht ein einziges Pferd.

«Sie sind in der Senke», meinte David. «Die werden schon kommen. Sie merken immer, wenn jemand hier ist. Keine Ahnung, wie sie das machen.»

Sie nahmen Zippo und Daffy das Zaumzeug ab, lockerten die Sattelgurte, streiften den beiden die Wanderreithalfter über den Kopf und banden sie am Weidezaun fest. Die beiden anderen Halfter über der Schulter kletterten sie in die Weide, und sie waren noch nicht weit in Richtung Senke gegangen, da hörten sie den Hufschlag von unbeschlagenen Pferden. Acht mussten es sein, zwei Dreijährige und jeweils drei Zwei- und Einjährige. Schon tauchten die ersten Köpfe aus der Senke auf, Sitopanaki war dabei. Davids Appaloosa-Fohlen lief immer vorn. Fühlte sie sich den anderen überlegen, weil sie mehr erlebt hatte als die alle zusammen?[7]

Jana und David blieben einfach stehen. Wenn David so sicher war, dass die rasend herangaloppierende Gruppe junger Pferde sie nicht umrennen würde, dann hatte Jana da auch keine Befürchtung. Kurz vor ihnen teilte sich die Herde in einzelne Körper, appaloosa-bunt, fleck-gescheckt, palomino-golden, fuchsrot und schwarz. An Jana flog ein dunkler Kopf vorbei, darin glänzten für einen Rappen auffallend helle Augen.

Alle acht Stuten wendeten aus dem vollen Galopp, Westernpferde eben, in ihren Körpern steckte bereits die Fähigkeit zu einem perfekten Sliding Stop. Einige wieherten. Sito kam sofort auf David zu. Sie hätte ihre Nase gern in eines der Halfter gesteckt. Er streichelte ihren Kopf.

«Nächstes Jahr», sagte er, «du bist noch nicht dran.»

Die Rappstute, die nicht ganz schwarz war, stand vor Jana und sie schaute in die ungewohnt hellen Augen. Ihr altes Lieblingsmärchen fiel ihr ein: *Von einem, der auszog, das Fürchten zu lernen.* Das hatte ihre Mutter ihr immer vorlesen müssen. Warum musste sie jetzt daran denken?

David drehte sich um, suchte die richtigen Stuten, und Jana wurde überrascht von dem Gedanken: Oh, bitte, bitte, die

---

7 Wenn ihr wissen wollt, was dieses Pferd alles erlebt hat, müsst ihr Band 5 der *Hufspuren* lesen.

Dunkle muss eine von den Dreijährigen sein. Die so guckt, als ob sie gerade losziehen will, um irgendwo das Fürchten zu lernen, und sie wird es nicht lernen, die hat keine Angst. Die ersten Ohren, über die David eines der Halfter streifte, waren jedoch sehr helle, die aus einem noch helleren Schopf spitzten, ein Palomino-Stütchen mit sanften hellbraunen Augen – so wollten die Defoes ihre Pferde. David ließ die kleine Stute mit Halfter ohne Führstrick stehen, schaute nach der anderen, ging – Sitos rosa geflecktes Maul dicht an seinem Ohr – an der Gescheckten vorüber, vorbei an der Fuchsroten und hielt das Halfter der Dunklen hin. Die steckte ihre Nase hinein, ließ es sich über die Ohren schieben und zog mit ihren Lippen David den grauen Westernhut tiefer in die Stirn. Jana lachte. Sehr leise lachte sie. Das war ziemlich anstrengend für sie, denn am liebsten hätte sie laut gejubelt, die Arme hoch geworfen, sich im Kreis gedreht und geschrien wie ein Indianer auf dem Kriegspfad.

Aber so etwas machte sie jetzt nicht mehr. Das hätte die frühere Jana gemacht, noch vor einem Jahr. Die mit den kurzen Haaren. Und ohne Brille. Die mit Askan. Und ohne David. Was war geschehen? Sie hatte ein neues Pferd gesehen. Na und? Sie hatte es anders gesehen als alle anderen Pferde seit nun fast einem Jahr. War ihr alter Freund Askan beiseite getreten und hatte den Platz frei gemacht? Da wo an ihrer Herzinnenwand das Bild ihres Lieblingspferdes aufgehängt war? Oder hatte Askan ungefähr 100 Kilometer nördlich von hier in seinem Luxus-Offenstall zu seiner Freundin Dolly gesagt: «Ich finde, Jana sollte wieder ein Lieblingspferd haben. Es geht uns so gut hier. Ich bin so froh, dass sie mich hier gelassen hat. Sie fehlt mir überhaupt nicht. Und ich möchte, dass ich ihr auch nicht mehr fehle.» Irgend so etwas musste geschehen sein. Und auf den plötzlich frei gewordenen Platz war eine nicht ganz schwarze Rappstute gelaufen. Jana schaute zu, wie David die Führstricke in die beiden Halfter einklickte. Er ging mit beiden Stuten auf sie zu und reichte ihr den Führstrick der hellen.

«Merry-go-round», stellte er sie vor, «das heißt Karussell. Sie hat schon als Fohlen irre Spins auf der Weide gedreht. Darum hat Mom sie so genannt.»

Jana hob die Hand, zögerte, ließ die Hand wieder sinken.

«David», sagte sie mit etwas heiserer Stimme, «ich weiß, es ist – oder – ich weiß nicht, ob – ich meine: kann ich die andere haben?»

«Stuffy?» David war verblüfft. «Warum? Natürlich kannst du sie haben, aber ich wollte dir das schönere Pferd geben. Ich biete dir einen Palomino und du willst einen Smoky? Stuffy ist eine Fehlfarbe.»

«Das ist mir egal, ich finde, ihr übertreibt das mit den Farben.»

David schien ein wenig enttäuscht.

«Seit zwei Wochen», sagte er bedauernd, «seit ich auf die Idee gekommen bin, dass wir das hier zusammen machen können, seitdem sehe ich dich zusammen mit Merry. Aber, na ja, natürlich.»

Er reichte ihr den anderen Halfterstrick; Jana nahm ihn und von diesem Augenblick an war sie für den Ulmenhof verloren. David stellte vor: «Stuff of Dreams, Mom hat ihr einen ihrer Lieblingsnamen gegeben, obwohl sie ganz anders geworden ist, als wir gehofft hatten.»

«Dann werdet ihr sie bald verkaufen?», fragte Jana erschrocken.

«Das glaube ich nicht. Sie ist ein Smoky, also ein aufgehellter Rappe. Niemand will diese Farbe. Wenn schon schwarz, dann richtig. Wie deine Fantasy. Aber für die Zucht ist sie interessant. Ihre Fohlen können Palominos oder Buckskins sein. Ich glaube nicht, dass wir sie verkaufen.»

«Wenn sie eine Fehlfarbe ist, könnten meine Eltern sie vielleicht bezahlen», sagte Jana und grinste. Ihre Eltern hatten keineswegs die Absicht, ihr ein Pferd zu kaufen.

Das erste Trainingsprogramm für die jungen Stuten war sehr einfach: auf der Weide herumführen, stehen bleiben, weiter gehen, sich ein wenig kennenlernen. Das war schon alles. Und es war auch nicht neu für Stuff of Dreams und Merry-go-round. Längst waren die beiden an das Halfter gewöhnt. Von außen betrachtet geschah nichts Besonderes. Aber es war Janas erste Begegnung mit Stuffy.

Bald schon nahmen sie den Stuten die Halfter wieder vom Kopf. Merry ging sofort zurück zu der Herde, Stuffy blieb neben Jana stehen.

«Ah», sagte David leise, «ich glaube, ich hab kapiert.»

Als sie zurück zur Ranch ritten, schloss Jana einen Augenblick die Augen. Sie bewegte ihre Füße und spürte die ungewohnte Form dieser großen schweren Steigbügel unter den Sohlen ihrer Stiefel. Sie fühlte die harte glatte Sitzfläche, die so anders war als bei dem Vielseitigkeitssattel, auf dem sie mit Fantasy zurück zum Ulmenhof reiten würde.

Das ist mein Leben, dachte sie. Mein Leben mit Pferden. Mit David. Westernsattel. Ich muss Fantasy abgeben. Es ist nicht fair. Ich benutze sie nur. Wie ein Fahrrad. Sie ist ein tolles Pferd. Sie muss jemand haben, der sie richtig toll findet.

Mindestens drei Mädchen waren auf dem Ulmenhof, die Fantasy nur zu gern als Reitbeteiligung gehabt hätten.

Vielleicht können meine Eltern Stuffy kaufen, dachte Jana. Wie teuer ist eine dreijährige Fehlfarbe, die noch nicht zugeritten ist?

Was für ein Gedanke! Er wurde eingeholt, überholt, überrannt von einem anderen Gedanken: Dann bin ich weg vom Ulmenhof!

Seit sieben Jahren ritt Jana auf dem Ulmenhof. Das war die Hälfte ihres Lebens. Sie würde Bettina verlieren. War Bettina noch wichtig? Jana kam doch nur noch zum Ulmenhof, um Fantasy zu satteln und hierher zu reiten. Da konnte sie doch genauso gut von hier zum Ulmenhof reiten. Und das mit David! Alles mit David! Wenn sie aber eines Tages mit David gar nicht mehr … sie warf einen vorsichtigen Blick zur Seite auf den Jungen mit dem Westernhut – Unsinn! Sie würde immer mit David zusammen sein. Sie würden sich nienienie trennen. Nie? Die andere Jana in ihrer Klasse sagte das doch auch immer. Im letzten Schuljahr hatte die drei Mal die Liebe ihres Lebens getroffen, drei Jungen, von denen sie sich nienienie trennen wollte. Wie lange also würden sie und David …?

«Sie sind da», sagte David, und allein beim Klang seiner Stimme wurde Janas letzter Gedanke vollkommen unsinnig und verschwand aus ihrem Kopf. Dafür breitete sich etwas anderes in ihr aus, aber nicht im Kopf, sondern in Brust und Bauch, es floss überall dahin, wo man nicht denken muss und sich einfach nur freuen kann.

Auf dem Reitplatz liefen sechs Araber herum, zwei Menschen und sechs Hunde.

«Sind die immer noch hier?», fragte Jana. «Ich hab ihren Riesenlaster gar nicht gesehen.»

«Neto ist weg damit», informierte David. «Zu Verwandten. Er hofft, über die ein neues Engagement zu kriegen. Bei einem Zirkus. Ist nicht leicht mitten in der Saison. Auch nicht, wenn man so eine super Nummer hat wie Catalina.»

«Hoffentlich hauen sie bald ab», meinte Jana.

«Warum? Uns stören sie nicht.»

«Hast du gern solche Leute hier?»

«Was für Leute?»

«Du weißt doch, was passiert ist.»

«Ich weiß vor allem ein bisschen mehr als du. Weil ich besser Englisch kann. Es geht ihnen schlecht. Wünsch ihnen was Nettes.»

«Tu ich doch! Ich wünsche ihnen, dass sie bald wieder eine Stelle in einem Zirkus kriegen. Das ist doch nett! He!!! Da ist Alberta!»

Während die beiden Reiter von den Weiden kamen, stellte Alberta ihr Rad an der Schuppenwand ab und näherte sich dem Reitplatz von der anderen Seite. Catalina sah erst zu Jana und David, dann drehte sie sich zu Alberta um. Ihr Bruder hatte die ganze Zeit schon in diese Richtung geschaut.

«Ich dachte, die ist krank», sagte Jana. «Sie war gestern Nachmittag nicht in der Schule. Was macht die jetzt hier?!?!»

Und eben diese Frage stellte sie der Freundin, als sie den Reitplatz erreichten. Alberta legte die Arme auf die Umzäunung und wich Janas Blick aus. Bevor sie eine Antwort geben konnte, sprach ein anderer.

«Sie lernt hier Spanisch», sagte Pardal. «Jeden Tag ein Wort.

Mit Hunden als Gedächtnishilfe. Super Methode. Müsst ihr mit Englischvokabeln auch mal machen.»

«Tiempos!», rief er. Alle sechs Hunde flitzten herbei und setzten sich rund um ihn im Kreis. «Okay, Alberta, wir wiederholen: Was heißt ‹große fuchsfarbene Hündin mit Kippohren› auf Spanisch?»

«Tormenta!», kam von Alberta ohne Zögern.

«Und auf Deutsch?»

«Gewitter!»

«Super! Was heißt ‹kleines weißes Hündchen mit spitzer Schnauze, Schlappohren und schwarzem Fleck über dem rechten Auge›?»

«Nieve», wusste Alberta, «Schnee.»

«Perfekt. Und nun dein Wort für heute. Welchen willst du?»

«Den großen zottigen Schwarzen. Der immer so viel rennt.»

«Das ist ‹Viento›, deutsch ‹Wind›, leicht zu merken.»

«Da kann sie aber mit einem Spanier nur über das Wetter reden», meinte Jana.

«Na klar», Pardal drehte sich zu ihr um. «Bist du schon mal in einem Land gewesen, wo die Leute nicht über das Wetter reden? So fängt man doch immer an.»

Was fängt man so an, dachte Jana. Was ist hier los?

«Lass uns die Pferde in die Paddocks bringen», meinte David. Das taten sie, und als sie Zippo und Daffy abgesattelt hatten und zum Reitplatz zurückkehrten, war da einiges los.

Auf den ersten Blick rasten die sechs Araber wild durcheinander und dazwischen wuselten die Hunde herum. Aber Jana erkannte bald, dass in dem Durcheinander eine Ordnung war. Catalina zeigte Alberta, wie man auf ein ungesatteltes Pferd springt. Auf dem Ulmenhof war Alberta im

Galopp auf und sogar über das Voltigierpferd gesprungen, das deutlich größer war als diese Araber. Aber da hatte sie die Griffe des Voltigiergurtes gehabt. Nun lernte sie schnell, wie sie mit einer Hand in der Mähne und der anderen am Widerrist auf den Rücken eines galoppierenden Arabers kam. Catalina war begeistert und lobte sie auf Spanisch und Deutsch. So hatte Jana das Zirkusmädchen noch nicht erlebt. Sie kannte Catalina nur mürrisch und auf ihrem Bruder herumhackend. Auch der, sonst schweigsam und bedrückt, schien gut gelaunt.

«Guckt mal!», rief er und schon stand er auf zwei Pferden. Catalina drehte sich sofort zu ihm um. Mit ausgestreckten Armen dirigierte sie die beiden Pferde. Die rasten quer über den Platz und in engen Kurven durch die Ecken, wechselten die Hand, wurden langsamer, wieder schneller und Pardal stand auf ihnen und lachte über sein ganzes breites, dunkles Gesicht. Catalinas Stimme überschlug sich fast vor Begeisterung. Sie sprach ein fast unverständliches Gemisch aus Spanisch und Deutsch. Nur einmal verstand Jana: «… hast du noch nie geschafft!»

Dennis kam mit der Palomino-Stute Just for Justine von einem Ausritt zurück.

«Kann ich das auch mal versuchen?», rief er schon von Weitem.

Er eilte zum Stall, um Justy rasch abzusatteln, doch als er dann zum Reitplatz rannte, hatte Pardal schon eine andere Idee.

«Mit Dennis seid ihr vier», sagte er, «perfekt ist sechs, aber man kann das natürlich auch mit vier machen. Und», er grinste seine Schwester an, «du kannst dich ja dazustellen. Du hast keine Chance, genau wie die.»

Catalina grinste auch.

«Kommt mal», rief Pardal, «ihr kriegt jeder einen Hund.»

Jana und die Brüder Defoe kletterten in den Paddock. Zusammen mit Alberta befolgten sie Pardals Anweisungen: Sie liefen im Kreis und streichelten den Hund, den Pardal zu ihnen schickte. Zu Alberta kam die fuchsrote Hündin Tormenta-Gewitter, zu David der flinke Viento-Wind.

Ich habe Albertas Vokabeln gelernt, dachte Jana, das geht wirklich super mit Hund als Memorystick.

Ihr und Dennis wurden zwei mittelgroße Hunde zugeteilt, die beide grau waren. Dann rief Pardal die Hunde zurück.

«Stellt euch vor, ihr seid in der Manege», sagte er. «Wir zeigen euch jetzt einen kleinen Teil unserer Hundenummer. Dreht euch nach außen, ihr guckt also zu den Zuschauern. Ihr dürft euren Omas und Tanten im Publikum zuwinken, aber ihr bleibt einfach gerade stehen.»

Sie standen so verteilt, dass sie die Eckpunkte eines Quadrates bildeten. Da es keine Omas und Tanten gab, winkten sie den Arabern zu. Pardal rief ein wahrscheinlich spanisches Wort, es klang wie ein Befehl. Den Kopf leicht nach hinten gedreht, sah Jana aus den Augenwinkeln, dass ihre vier ausgewählten Hunde gleichzeitig losflitzten, einen Moment später spürte sie einen Schlag in den Kniekehlen und sie fiel um, wie ein kernfauler Baum im Sturm. Die vier Hunde liefen bellend und kläffend – wuff, wuff, wuff und jiff, jiff, jiff – zu Pardal zurück, sprangen an ihm hoch und wollten gelobt werden. Jana, noch am Boden liegend – hob den Kopf, aber sie sah nicht viel, ihre Augen waren wie geblendet. Kaum nahm sie wahr, dass David, Dennis und Alberta genau wie sie von den Hunden geradezu gefällt waren.

Wie aus weiter Entfernung hörte sie Pardal und Catalina lachen, hörte David fragen: «Wie haben die das gemacht?», und Pardal erklären: «Sie hauen euch in vollem Tempo den Rücken in die Knie. Viento knickt auch Basketballspieler wie Strohhalme.»

Ein Blitz, dachte Jana, die anderen drei haben die Hunde umgeschmissen, aber mich hat ein Blitz getroffen.

In ihrem rechten Augenwinkel stand Alberta.

Komisch, dachte Jana, das hätte doch der passieren müssen. Auf die hat Pardal doch die rote Hündin losgelassen, Tormenta, Gewitter. Trotzdem hab ich den Blitz abgekriegt.

War das nicht schon der zweite heute? Hatte nicht auch der Blick einer fehlfarbenen Jungstute sie wie ein Blitzschlag getroffen? So etwas hing offenbar nicht immer mit dem Wetter zusammen. Jana versuchte, den Kopf zu schütteln. Darin tobten bunte Bilder mit vielen bunten, überhaupt nicht fehlfarbenen Pferden.

Und diese Hunde, dachte sie, die bringen's auch, die hauen alle um. Das kann uns retten.

«Jana!»

«He! Jana!»

Rechts und links neben ihr knieten David und Alberta.

«Was ist denn?»

«Hast du dir wehgetan?»

Auch Dennis, Pardal und Catalina kamen. Das weiße Schneehündchen Nieve, das nicht hatte mitspielen dürfen, leckte Janas Ohr. Ein freundlicher Araber drückte ihr seine Nüstern ins Gesicht und schnaubte.

«Jana! Was ist passiert?»

«Da ist nichts passiert. Dabei ist noch nie was passiert.»

Jana richtete sich halb auf. Ihr Blick ging in weiteste Ferne, durch Davids Kopf und Catalinas Körper hindurch. Mit etwas heiserer Stimme murmelte sie: «Und Natalie hat auch noch Friesen …»

«Wie?»

«Was?»

«Wer ist Natalie?», fragte Pardal.

«Eine Freundin, nee, keine Freundin», informierte Alberta, «wir können die nicht leiden, also, Jana kann die nicht leiden. Die reitet Friesen, ja.»

«Immerhin», meinte Dennis mit einem besorgten Blick auf Jana, «da können wir hoffen, dass sie nicht komplett das Gedächtnis verloren hat.»

«Und Sven und Isa», sagte Jana, «vor allem Isa. Die hat das sogar schon gemacht.»

«Was? He, Jana, was hat die schon gemacht?»

«Sie ist verrückt geworden?», vermutete Dennis.

Janas Augen kehrten zurück aus der Ferne und fingen an, immer stärker zu leuchten. Sie schaute von David zu Alberta zu Pardal, zurück zu David und mit fester, richtiger Jana-Stimme sagte sie:

«Ich habe eine Idee!»

9 JANAS IDEE

«Du musst kommen! Du musst!!!»

Jana schrie so laut ins Handy, dass Theres sie gut verstehen konnte, obwohl sie mitten in einer schreienden, tobenden Menge stand.

«Und hast du die Nummer von Natalie?»

Was um alles in der Welt wollte Jana von Natalie? Die hatte sie doch immer gemieden wie eine ansteckende Krankheit. Und dann hörte Theres plötzlich Albertas Stimme an Janas Handy, genauso aufgeregt und laut: «Alle kommen! Du musst dabei sein! Jana hat eine geniale Idee! Das wird uns retten! Das ist die Lösung für alle Probleme!»

Für meine nicht, dachte Theres.

«Also, du kommst?»

Natürlich sagte sie Ja. Jana rief und alle kamen. Daran hatte sich nichts geändert. Das gehörte zu den wenigen Dingen, die so geblieben waren wie immer. Aber Theres hatte ein Problem, von dem ihre Freundinnen nichts wussten: Sie langweilte sich. Seit fast zwei Stunden saß sie in dieser Sporthalle, inmitten von schreienden, johlenden Mädchen, die ihre langen dünnen Freunde anfeuerten. Theres sah ihr erstes Basketballspiel. Und sie langweilte sich. Lautes Grölen lag ihr sowieso nicht. Sie bemühte sich, wenigstens ein verzücktes Gesicht zu machen, wenn Sebastian ein Tor geschossen – Quatsch! – einen Korb geworfen hatte. Er schaute dann immer zu ihr herauf, Stolz und Triumph in seinem verschwitzten Gesicht. Wie konnte sie diesen Blick erwidern? Mit Stolz und Triumph hatte sie sehr wenig Erfahrung.

Als das Handy vibrierte, traute sie sich erst nicht, es aus der Tasche zu nehmen. Lange hatte es aufgeregt gezittert und Theres hatte gedacht: Jana! Das kann nur Jana sein!

Warum rief Jana hartnäckig alle fünf Minuten an? Das interessierte sie sehr viel mehr als der Ausgang dieses Spiels. Und dabei hatte alles mit Basketball angefangen. Nein, das stimmte nicht. «Basketball» war nur ein Wort gewesen, als sie vor ungefähr vier Wochen allein zum Fahrradkeller ihrer Schule gegangen war. Jana war schon weg. Sie hatte beide Nachmittagsstunden frei bekommen, weil sie einen Termin beim Optiker hatte. Wegen ihrer Brille. Theres war nur eine Stunde freigestellt. Sie musste zum Kieferorthopäden. Wegen der Zahnspange, die sie nun endlich loswerden sollte. Im Fahrradkeller war niemand. Außer Sebastian. Er reparierte etwas an seiner Schaltung. Als er sie sah, ließ er sofort den Inbusschlüssel fallen.

«Hi», sagte er.

«Hi», sagte sie.

Er stand langsam auf und kam zu ihr. Seine Hände waren mit Öl verschmiert. Auch auf seiner Stirn war ein dunkler Streifen Öl. Das verschwand in seinen braunen Stoppelhaaren. Seine grauen Augen flackerten unsicher, als hätte sein Körper etwas gemacht, auf das sein Kopf nicht vorbereitet war.

«Äh», sagte er und dann noch einmal: «Hi.»

«Ja», sagte Theres, «hi.»

«Ich … äh …», sprach er weiter, «ich wollte dir schon lange mal sagen: Du siehst aus wie eine Basketballspielerin.»

Und Theres begriff sofort: Das war das Allernetteste, was er zu einem Mädchen sagen konnte.

«Interessierst du dich für Basketball?», fragte er.

«N-n-n-nein», stammelte sie.

«Ich weiß, du reitest», fuhr er fort, «das – äh – würde mich nicht stören.» Wobei?, dachte Theres. «Ist ja auch ein schöner Sport. Außerdem spielen Mädchen nicht Basketball.»

Endlich fiel auch ihr etwas ein.

«Und Jungen reiten nicht», sagte sie.

«Genau», er nickte, «genau das ist das Problem.»

Er hatte dann vorgeschlagen, dieses Problem zu lösen:

«Ich finde, das macht doch keinen Sinn, also nicht wirklich, he, das ist doch komplett bescheuert, dass Jungen immer mit Jungen Basketball spielen und Mädchen immer mit Mädchen reiten. He, das macht doch keinen Sinn, also auf Dauer, meine ich.»

«Nein», sagte Theres, «auf Dauer nicht.»

So hatte das angefangen. Noch mit der Zahnspange. Und seitdem fühlte Theres sich vom Kopf bis zu den Zehen eingehüllt in den flirrenden Gedanken: Ich habe einen Freund!

Aber nun stand sie unter lauter jubelnden Mädchen, die alle aufgesprungen waren. Eingeklemmt in die Menge, wurde sie Richtung Spielfeld geschoben.

Ich weiß nicht mal, wer gewonnen hat, dachte sie erschrocken.

Sie hatte die Tore – Quatsch – Körbe nicht gezählt. Sie hätte auf die Anzeigetafel schauen müssen. Die konnte sie nun nicht mehr sehen. Und als sie das Vereinshaus erreichten, wusste sie immer noch nicht, wie das Spiel ausgegangen war. Sie wusste nur: Morgen! Großes Treffen bei den Defoes. Alle sollen kommen. Sogar Natalie. Jana hat eine Idee.

«Hi, Lea!», Jana schrie wieder ins Handy. «Gib mir Betti! Ich muss Bettina sprechen. Sofort!»

«Geht nicht», sagte das Mädchen vom Ulmenhof, «die ist doch ausgeritten. Samstag. Halbtagsritt. Weißt du doch.»

«Shit! Dann Grohne-Wilte. Gib mir den Chef!»

«Ist was passiert?» Leas Stimme klang etwas erschreckt. Es war sehr ungewöhnlich, dass Jana den Chef des Reitstalls sprechen wollte.

«Nix passiert, aber wichtig. Also hol ihn.»

«Geht nicht. Der ist mitgeritten.»

«Dann gib mir wenigstens die Handynummer von Natalie», verlangte Jana.

«Was willst du von Natalie? Die reitet schon lange nicht mehr hier.»

«Nerv mich nicht, Lea! Geh jetzt ins Büro, da liegt Bettinas Buch, und da sind hinten alle Nummern drin.»

«Bist du jetzt komplett durchgeknallt? Wenn Bettina rauskriegt, dass ich in ihrem Buch rumschnüffel, lässt sie mich zwei Monate Perle reiten.»

«Betti ist im Gelände, jetzt mach schon!»

Lea wagte sich ins Büro, Natalies Nummer stand noch in dem Buch.

«Wer?» Natalie war sicher, dass sie sich verhört hatte. Sie legte dem großen Friesen Klaas die Zügel auf den Widerrist und hielt das Handy dichter ans Ohr. «Wer ist da?»

«Jana! Kennst du mich nicht mehr?»

Hab ich die je gekannt?, dachte Natalie. Hat die mich gekannt?

«Was willst du?», fragte sie abweisend.

«Du musst kommen! Morgen früh! Zu Lizzys 3D-Ranch. Und der Typ, dem die Friesen gehören, auch. 10 Uhr, okay?»

«Nee, nix okay …»

«Es ist wichtig!»

«Was ist so wichtig, dass Herr Breuer 'nen Termin absagt? Der fährt seine Kutsche. Vierspänner. Eine Hochzeit.»

«Dann kommst du. Und bring die Frauen mit, die im Mai hier die Quadrille mit den Friesen geritten haben. Geht das? Wir brauchen euch!»

Wie das klang in Natalies Ohren! Wann wurde sie jemals gebraucht? Überall war sie das fünfte Rad am Wagen, das man nur brauchte, wenn man eine Panne hatte. Und für Janas Clique war sie das fünfte Eisen am Pferd gewesen, das man niemals brauchte, weil Pferde keinen Platten haben.

Klaas war stehen geblieben. Er streckte den langen Hals nach unten, um ein paar Grashalme vom Rand des Reitplatzes zu zupfen. Natalie kümmerte sich nicht darum. Sie holte die Nummer des letzten Anrufs auf das Display. Janas Handynummer! Bloß nicht löschen! Die würde sie aufschreiben. Denn diese Ziffern waren für sie so etwas wie ein Geheimcode, der ihr die Tür zur Welt der anderen öffnete.

Auf dem Rappenhof musste Jana nicht anrufen. Da fuhr Alberta jetzt sowieso hin, und die wusste ja Bescheid.

Am Sonntagmorgen trafen sie sich dann tatsächlich in der Halle vom alten Gutshof, jetzt Lizzys 3D-Ranch. Alle waren gekommen, außer Werner Breuer, der mit seiner Friesenkutsche ein Hochzeitspaar zur Kirche fuhr. Die Defoes hatten einen Brunch vorbereitet. Lange Tischreihen bildeten ein U in der großen Halle. Sie waren bereits gedeckt. Dazwischen sprang Dennis herum und schrie: «Nicht essen! Noch nicht essen! He, Alberta! Finger weg!»

Er sprach etwas undeutlich, denn er hatte einen halb zerkauten Donut im Mund. Stühle gab es nicht, nur Bänke, Christinas Rollstuhl war der bequemste Platz. Durch die Tischbeine tobte ein spanisches Unwetter: Zwischen die beiden kleinen Hündinnen Nieve und Llueva – Schnee und Regen – fuhr das Gewitter Tormenta. Und Viento, der größte und wildeste Hund der Romeros, warf als heftiger Windstoß einen Tisch um. Aber alle Teller und Becher waren aus Plastik, nichts ging kaputt und den Schinken hatten die Hunde, einschließlich Barana, schnell gefressen.

Ein Pfiff genügte und die Hunde scharten sich wieder brav um Pardal. Theres' Pfiff allerdings war vergeblich. Barana hatte eine Freundin gefunden. Sie lag zwischen den Zirkushunden neben Schneehündchen Nieve und die beiden leckten sich gegenseitig die Schinkenreste vom Maul. Lizzy eröffnete die Versammlung.

«Wir haben nicht übertrieben, Janas Idee kann uns alle retten», verkündete sie. «Es wird euch gehen wie uns gestern. Im ersten Augenblick werdet ihr denken: Das ist total verrückt! Aber dann wird euch langsam klar werden: Natürlich! Warum sind wir nicht längst darauf gekommen? Jana! Bitte!»

Jana saß nicht auf der Bank. Sie hatte sich in der Mitte der kurzen Seite auf einen Tisch gesetzt und verwandelte ihn damit in einen Thron.

«Also», begann sie, «das ist ganz einfach. Wir machen eine Pferdeshow – wie *Der Magische Huf*. Kein vereinigtes Weihnachtsreiten, sondern richtig mit Eintritt und so. Isa hat gesagt, die Vorstellungen vom *Magischen Huf* waren hier bis zuletzt sackvoll, und die Leute standen Schlange vor der Kasse und haben keine Karten mehr gekriegt. Die kriegen sie dann bei uns. Für unsere Show. Hier kommen jede Woche neue Touris. Wir machen massig viel Kohle!»

Kleine Pause. Dann sprachen alle durcheinander.

«Wie stellst du dir das vor?»

«Sie ist wahnsinnig!»

«Größenwahnsinnig.»

«Hab ich doch immer gesagt.»

«Zählt mal zusammen», fuhr Jana fort. «Wir haben die Romeros. Die kriegen diese Saison kein neues Engagement mehr. Und Catalinas Nummer ist echt gut. Und Isa ist auch schon in der Show geritten. Also die kann das und Sven auch. Und damit haben wir zwei Andalusier. Und Bettina reitet mindestens so gut. He – Betti macht eine Spring-quadrille, so was hatten die im *Magischen Huf* nicht. Und ein Pferd wie Troilus hatten sie auch nicht. Die Isländer vom Rappenhof sind nicht schlechter und die Friesen – ihr habt die Quadrille ja schon gesehen. Das ist nicht Weltklasse, aber die Pferde sind schön, und der Herr Breuer kann fahren wie – die Schumachers, nur eben mit Kutsche. Und die Defoes! Lizzy mit ihrer Feuernummer ist ja wohl so gut wie Catalina!»

«Nur haben wir leider keine Kamele!» Das war Sven.

«Aber Hunde», meinte Jana. «Wir brauchen natürlich eine ganz andere Geschichte. Ohne Kamele, mit Hunden. Und ich dachte, dass Alberta …»

«Mach mal langsam», unterbrach Bettina. «Einmal fürchte ich, dass meine Lebensversicherung gekündigt wird, wenn ich mit Troilus auftrete, aber das würd ich riskieren, nur – du weißt ganz genau, dass auf den Reitplätzen vielleicht hundert Leute was sehen können. Oder will jemand eine Tribüne bauen? Wer von uns könnte das jetzt zahlen? Und was ist, wenn es regnet?»

Dieser Einwand schien Jana nicht zu erschüttern. Sie strahlte ihre alte Freundin und Reitlehrerin an. Mit einer theater-reifen Armbewegung, als kündigte sie – schon ganz in der Show – nun die Sensation des Tages an, zeigte sie auf Neto Romero und sagte mit korrekter spanischer Aussprache: «Señor!»

Es wurde sofort vollkommen still. Neto Romero konnte leise sprechen. Man verstand ihn trotz seines starken Akzents sehr gut.

«Wir haben ein Zelt. Vor zehn Jahren noch haben wir unseren

eigenen Zirkus gehabt, nicht groß, aber es hat gereicht. Wir haben unser eigenes Unternehmen aufgegeben, als wir dann mal eine richtige – Weltklassenummer hatten …» Er stockte, zögerte, bevor er von dieser Nummer sprach.

Genau wie gestern, dachte Jana.

Und wieder wurde sein Gesicht starr und hart, ebenso Catalinas. Mit Pardal aber geschah das Gegenteil. Sein Gesicht zerfiel in weiche verschwimmende Teile. Seine Mundwinkel zuckten, seine Unterlippe zitterte und seine Augenlider flatterten. Was war das für eine Nummer gewesen? Welche Erinnerung hing für die Romeros daran? Ging es um den Andalusierhengst, der so schrecklich ums Leben gekommen war? Jana konnte sich kaum vorstellen, dass er einmal Teil einer Weltklassenummer gewesen war.

«… verdient man viel mehr, wenn man bei einem großen Zirkus auftritt …» Jana hatte Señor Romero ein paar Augenblicke nicht zugehört, sie wusste ja, was er berichtete. «… aber das Zelt haben wir noch, ich kann es holen.»

Sogar Sven und Bettina schienen beeindruckt. Das war ein echter Hit! Es war eine knisternde Spannung im Raum. Niemand griff nach Donuts und Brötchen. Einer der Hunde fiepte. Barana wahrscheinlich.

Jetzt, dachte Jana, wird sie aufspringen, herumrennen, etwas suchen, auf dem sie nervös kauen kann. Aber Theres' zappelige Jagdhündin blieb liegen. Vorsichtig knabberte sie an den weißen Schlappöhrchen ihrer neuen Freundin Nieve.

Grohne-Wilte war der Erste, der dann doch wieder einen Einwand brachte. «Was bringt uns das auf Dauer?», fragte er. «Drei Reiterhöfe, eine Zirkustruppe und ein Friesenhof können nicht von den Einnahmen einer Pferdeshow leben, die immer am selben Ort aufführt.»

«Das bringt uns Leute.» Isa! Das war Isa!

Jana und Alberta tauschten einen Blick. Gestern hatten sie Wetten abgeschlossen, wer als Erster kapieren würde, wie gut Janas Idee war. Jana hatte auf Bettina gesetzt, Alberta auf Isa. Und Alberta hatte offenbar gewonnen.

«Wir haben schon einen Parallelfall», erklärte Isa, «nämlich Bogatyr. Also das ist dieser irre Zuchthengst, wissen hier vielleicht nicht alle. Über Bogatyr haben wir neun Gaststuten bekommen. Nur zum Decken, klar, aber die Leute haben unseren Hof kennengelernt, haben gesehen, wie wir arbeiten, und bringen uns zwei Jungpferde zum Einreiten. Und genau das wird über die Show auch passieren. Da kommen ja auch Westernreiter, Dressur- und Springreiter, eben alles. Wär das was, Bettina? Berittpferde für dich? Neue Einsteller für den Ulmenhof?»

Wenn Isa das Wort hatte, war auch Alberta nicht weit.

«Und es sollen Leute mit ihren Pferden kommen, hier Kurse machen und in der Show mitreiten. Wir werden das erste Zentrum für Showreiten!»

«Und die Story?», wandte Sven ein. «Also ich finde ja, eine gute Pferdeshow muss nicht in so ein Märchen eingepackt werden. Reiten genügt. Aber die Leute wollen das. Also, Jana, hast du eine Story?»

«Nein», gab Jana zu, «aber ich dachte, Alberta kann …»

«Halt mal», unterbrach Grohne-Wilte, «das geht doch nur diesen Sommer. Dann sind die Romeros weg. Die wollen mit Catalinas Nummer ja wohl nicht im Zirkus Rappen-Ulmen-Ranch auftreten …»

«Jetzt ist erst mal dieses Jahr!» Ah, Bettina hatte begriffen!
«Genau», rief Jana. «Und ich bin ganz sicher, Alberta kann
uns eine …»
Und dann sprachen wieder alle durcheinander. Einige waren
skeptisch:
«Sollen wir den Romeros etwa das Zelt abkaufen?»
«Plakate drucken! Anzeigen schalten! Was das kostet!»
Die meisten aber stimmten zu.
«Unsere alte Bänderquadrille!»
«Werner fährt den Vierspänner auch in einer Mini-Manege.»
«Lizzys Feuernummer ist echt spitze!»
«Kann Barana mit den Hunden auftreten?»
Das war Theres! Sogar sie war fasziniert. Nur eine offen-
bar nicht. Natalie saß stumm und steif in dem Wirbel und
schwieg. Und Alberta übertönte alle: «Mal Ruhe, Leute!
Könnt ihr Jana vielleicht mal ausreden lassen? He, du hast
jetzt schon ich weiß nicht wie oft gesagt, du denkst, dass
Alberta … Ich will endlich wissen, *was?*»
«Na, die Geschichte erfinden! Du hast so massig viele Bücher
gelesen, alle Pferdebücher und noch ein paar Millionen
andere. Da muss doch was hängen geblieben sein. Daraus
kannst du uns doch eine Story machen!»
«Super!», schrie Felix.
«Perfekt!», rief Christina.
«Fang gleich an!», brüllte Dennis.
Und Pardal begann zu klatschen und rhythmisch zu rufen:
«Al-ber-ta! Al-ber-ta!»
Alle Jugendlichen fielen ein, bis es schließlich durch die
Halle dröhnte: «Al-ber-ta! Al-ber-ta!» Sogar Theres klatschte
und trampelte und schrie. Nur eine nicht. Natalie.

Und Alberta? Die machte natürlich nicht mit. Sie wirkte etwas nervös. Pardal jubelte ihr zu, als sei sie der große Star in der Manege. War dies nun Albertas großer Auftritt?

«Jetzt lasst sie doch mal!», rief Isa gegen den Lärm. Es wurde still, und Isa konnte fragen: «Glaubst du wirklich, du kannst das?»

«Ich – ähh – ich weiß nicht», stammelte Alberta. «Ich habe viele Bücher gelesen, ja, aber …»

«Du versuchst es!» Pardal schaute sie voller Zuversicht an.

«Ich kann ja mal nachdenken. Ich verspreche euch nichts, aber …»

«… aber du hast eine Idee?»

«Nein – ähh – ich denke im Mittelpunkt steht ein Pferd …»

«Genial!», rief Grohne-Wilte. «Und so originell! Wäre ich nie drauf gekommen!»

Jana warf ihm einen wütenden Blick zu und schon fiel Bettina über ihren Chef her: «Vielleicht kannst du jetzt endlich mal aufhören, eine Sache kaputt zu machen, die es noch gar nicht gibt! Du nervst mit deinem negativen Denken, merkst du das nicht!?!?!»

Bettina! Jana wurde überschwemmt von einer Flutwelle leuchtender Erinnerungen: Ausritte, Turniere, anstrengende Reitstunden, in denen sie so viel gelernt hatte …

Und ich habe sie verlassen, dachte sie. Für eine dunkle Stute mit einer Fehlfarbe. Und für einen Jungen mit grauen Augen, die manchmal ganz bunt aussehen …

Plötzlich wollte sie hier weg. Weg von David, weg von Stuff of Dreams, die irgendwo auf ihrer Weide graste. Weg von dieser Pferdeshow. Zurück auf den Ulmenhof, zu Bettina, zu Askan – da war kein Askan mehr …

Ich muss es ihr sagen, dachte sie. Und Askan. Ich fahre zu Askan und erzähle ihm, dass ich ein neues Pferd ...

Da blieb ihr Blick an Natalie hängen. Die saß steif und mit zusammengekniffenen Lippen zwischen den beiden anderen Friesenreiterinnen. Nur ihre Augen klebten nicht an Alberta, die weiter versuchte, sich eine Geschichte abzuringen.

«... ein Pferd, äh ... und ein Mädchen ...»

Bevor Grohne-Wilte etwas Vernichtendes dazwischenrufen konnte, zischte Bettina ihm zu: «Hör auf!»

«... ich denke – ähh – das Mädchen verliert das Pferd und findet es wieder, klingt doof, aber man kann da eine Geschichte draus machen. Wichtig ist, dass es ein irres Pferd ist. Ich denke, Bogatyr ...»

Dieser Name löste so viel Begeisterung wie Empörung aus. Die Islandpferdereiter stimmten begeistert zu: «Ja!!! Bogatyr!!!» Die vom Ulmenhof forderten Troilus als Star. David fand windfarbene Pferde stinknormal, aber eine Amber Champagne Stute wie Daffy gäbe es ja wohl in ganz Deutschland nicht noch mal ... Und es war merkwürdig: Wie sie alle zugleich angefangen hatten, hörten sie auch alle zugleich auf. In die plötzliche Stille hinein, sagte Natalie: «Bullshit!!!»

Da wurde Alberta wütend.

«Bullshit!!! Ja!! Ja!! Bullshit!!», schrie sie. «Ich kann das nicht! Aber du ...», ihre Kirgisenaugen funkelten Natalie an, «du hast nie in unsere Clique gewollt, weil du hinter Felix her warst. Das war nur so eine abgefahrene Idee von Jana. Du wolltest mich! Weil ich viele Bücher kenne. Du wolltest Tipps von mir, wie du an mehr Bücher rankommst. Du hast nämlich noch mehr gelesen als ich. Und was du immer alles aufgeschrieben hast! Die ganzen Namen von den Islandpferden! Und die komischen Bezeichnungen für die vielen Farben! Was machst du damit?»

Natalie hatte den Blick gesenkt, schaute auf Donuts, Käse und Brötchen.

«Ich sag dir, was du damit machst!» Albertas Stimme klang immer noch ziemlich aggressiv. «Du liest nicht nur Bücher. Du schreibst Bücher!»

Langsam hob Natalie den Kopf. Ihre Lippen waren nicht mehr zusammengekniffen, ihre hellen Augen sahen gerade und klar in Albertas dunkle. Deren Stimme war völlig verändert, als sie weitersprach. Vorsichtig, zögernd, ohne jede Wut fragte sie: «Bitte, Natalie, kannst du uns diese Geschichte schreiben?»

Und Natalie sagte: «Ja.»

So verbrachte Natalie die folgende Woche:

Sie saß wenig auf dem Pferd und viel an ihrem Schreibtisch.

Sie aß wenig und telefonierte viel.

Gleich am Montag rief Bettina bei ihr an: «Ich habe vier Mädchen für eine Springquadrille. Mach was Fetziges für die. Was mit schönen Kostümen.»

«Eine Jagdszene?», fragte Natalie. «So wie auf diesen alten englischen Gemälden?»

«Super!» Bettina war begeistert. «Du hast also schon eine Idee?»

Natalie hatte keine Idee.

«Und wegen Troilus», fuhr Bettina fort, «ich trete nicht alleine mit ihm auf. Am besten zusammen mit Andreas. Malachit ist natürlich viel weiter ausgebildet. Troilus kann ja noch nichts. Also Andreas reitet Piaffe und ich lasse Troilus im starken Trab durch die Manege fliegen. Das bringt's!»

Als Bettina das Gespräch beendete, kam Jana in die Stallgasse vom Ulmenhof.

«Hi», sagte sie.

«Hallo, Jana», sagte Bettina, «ich habe dich eingeplant für die Springquadrille, aber nicht mit Fantasy. Natalie meint …»

«Betti …», Janas Augen flackerten hinter der Brille und ihre Stimme klang merkwürdig unsicher. «Ich hab vorhin Andreas angerufen und ihm gesagt, dass ich die Reitbeteiligung an Fantasy …»

Sie sprach nicht weiter. Das war auch nicht nötig. Bettina hatte verstanden. Aber sie wurde nicht wütend.

«War ja klar», murmelte sie. «Gegen David hat Fantasy keine Chance. Und ich auch nicht.»

«David und Stuffy.»

«Stuffy?»

Und Jana erzählte. Es war sehr sehr traurig, so mit Bettina zu reden, denn dies war ein Abschied. Aber es tat auch sehr gut, denn es gab keinen Streit. Sie würden Freundinnen bleiben.

Am Dienstag rief Isa Natalie an.

«Wir würden gern unsere alte Bänderquadrille wieder machen. Das ist ungeheuer wirkungsvoll. Da haben immer zwei Reiter ein Band zwischen sich, schöne bunte Bänder. Die können sie hochhalten, und die anderen reiten drunter durch. Sieht super aus!»

«Können die auch um einen Maibaum reiten?», fragte Natalie. «Wie in einem alten Dorf?»

«Perfekt!», stimmte Isa zu. «Du hast also eine Idee?»

Natalie hatte keine Idee.

«Ist noch geheim», sagte sie.

«Ich hab da noch ein Problem», fuhr Isa fort. «Du machst sicher was mit Märchen, oder?

«Märchen ist immer gut.»

«Ja – und – Sven meint, dass Theres aussehen kann wie eine Elfenfee. Und wenn sie mit ihren hellen Haaren auf Bogatyr sitzt …»

«Ich hab den noch nicht gesehen, aber Theres und windfarbener Isländer – das hat was, ja.»

«Nein!» Isa schrie fast ins Telefon. «Das dürfen wir nicht machen! Bogatyr ist ein sehr schwieriges Pferd. Den schafft Theres nicht. Das ist gefährlich!»

Als Isa das Gespräch beendet hatte, sagte Sven: «Du stellst dich schon an wie ihre Mutter. Theres muss Bogatyr reiten. Das ist ein Bild!»

Am Mittwoch rief Theres an.

«Hast du schon eine Aufgabe für die Hunde?», wollte sie wissen.

Nein, hatte Natalie nicht. «Mach einen Vorschlag», verlangte sie.

«Nee, du musst die Romeros fragen, was die Hunde alles können. Ich wollte dir nur sagen, Barana muss immer mit der kleinen weißen Hündin zusammen sein, Nieve heißt sie, Schnee. Die mögen sich so gern.»

«Okay», versprach Natalie.

Kaum hatte Theres das Gespräch beendet, da klingelte das Handy. Sebastians Nummer stand auf dem Display. Sie drückte den Anruf weg.

Nicht schon wieder Basketball, dachte sie.

Sie hatte Angst. Angst vor Bogatyr. Isa hatte ihr versprochen, dass niemand sie zwingen würde, dieses schwierige Pferd in der Show zu reiten. Das Problem war nur: Sie wollte ihn reiten! Einmal einen solchen Auftritt haben! Einmal im Brennpunkt so vieler begeisterter Augen stehen! Zwei davon sollten Sebastian gehören. Oder einem anderen Jungen? Einem, mit dem sie reiten könnte? Dieser Gedanke brachte sie völlig durcheinander. Und sie hatte Angst.

Am Donnerstag rief David an.

«Lass dir was einfallen für unsere Bernsteinstute. Daffy muss einmal ganz im Mittelpunkt stehen, voll im Scheinwerfer, mit Jana, und sie kriegt dann die Platinmedaille ans Zaumzeug. Am Sonntag ist die Zuchtschau und da holen wir Platin. Lass dir was einfallen! Worum geht es nun in der Geschichte?»

«Das verrate ich noch nicht», sagte Natalie.

Etwas anderes als die Geschichte von dem Mädchen, das sein Pferd verliert und nach langem Suchen wiederfindet, war auch ihr bis jetzt nicht eingefallen.

David beendete das Gespräch und schaute Jana an.

«Komm doch mit am Sonntag», bat er.

«Ich muss zu Askan», sagte sie. «Sei mir nicht böse, bitte. Es ist das einzige Wochenende, wo ich zu Askan fahren kann. Ich muss das zu Ende bringen. Verstehst du das?»

David nickte.

«Ist okay. Und dann kommst du ganz zu uns.»

Am Freitag rief Alberta an.

«Hi, Natalie. Ich bin hier auf der Ranch bei Pardal und Catalina. Wir haben einen Plan gemacht für Catalinas Auftritt in der Show. Du hast das noch nicht fertig?»

Natalie hatte gar nichts fertig. Sie hatte viele Entwürfe gemacht, aber fertig war gar nichts.

«Nein», sagte sie, «leg los!»

«Also», Alberta holte tief Luft, «also das wäre ganz toll, wenn wir das so machen könnten. Nur dann kann ich mitmachen. In der Islandnummer bin ich nämlich nicht dabei. Isa sagt, sie brauchen Leute mit mehr Erfahrung. Christina – das geht, die schafft das, nur ich kann noch nicht gut genug reiten. Aber ich kann voltigieren.»

«Ähh, du wolltest einen Vorschlag machen», unterbrach Natalie. «Was soll ich mit deiner ganzen Lebensgeschichte?»

«Kommt ja schon. Die Idee ist von Catalina. Wir machen das wie in einer Tanzvorstellung. Da sind auch immer erst eine ganze Menge Tänzer und dann kommt – ha, wie heißt das noch?»

«Die Solistin», hörte Natalie aus dem Hintergrund. Kein Zweifel, das war Catalina.

«Genau! Also stell dir vor, vier von den sechs Arabern rennen in der Manege rum und wir Voltimädchen springen rauf und runter», fuhr Alberta fort. «Ich kann das. Lea und Sophia auch, denke ich mal, die vierte weiß ich nicht, und dann – Tusch und Trommel, großer Auftritt – kommt Catalina und steht auf zwei Pferden! Kannst du dir das vorstellen?»

«Find ich super», stimmte Natalie zu.

«Du machst was draus?»

«Bestimmt. Und was ist mit den Hunden? Ihr müsst mir noch erzählen, was die alles können.»

Alberta gab das Telefon weiter an Pardal. Der beschrieb ein paar Nummern aus der Hundedressur, bis seine Schwester ihm das Telefon aus der Hand riss.

«Pass auf, es muss einen Streit in der Geschichte geben», rief sie mit ihrem starken spanischen Akzent. «Das muss aber so sein, dass ich dann in der Manege bin. Zu Fuß. Und eine lange Stange muss da sein ...»

Der Maibaum, dachte Natalie, die Isländer tanzen um den Maibaum.

«... und Pardal hetzt die Hunde auf mich ...»

«Oh, gerne», unterbrach Pardal.

«... ich kletter die Stange hoch bis in die Zirkuskuppel ...»

«Catalin!!!» Das war Pardals entsetzter panischer Schrei. Catalinas Stimme aber blieb ruhig. «Wir haben das Trapez noch.»

«Catalin!!!»

Und dann stritten sich die Geschwister auf spanisch weiter. Weder Alberta noch Natalie verstanden auch nur ein einziges Wort. Aber auch für Natalie, die kilometerweit entfernt am anderen Ende der Telefonleitung saß, war klar: Dies war ein schlimmer, verzweifelter, alter Streit, der keine neuen Verletzungen machte, der aber alte Wunden aufriss, und die waren tief. Es ging nicht lang. Dann schwiegen beide. Von einem kam ein unterdrücktes Schluchzen. Natalie, die nicht sehen konnte, von wem, tippte auf Pardal, und Alberta hätte ihr sagen können, dass sie recht hatte.

«Ähh, seid ihr noch da?», fragte Natalie.

«Ja! Kannst du einen Jongleur brauchen?» Catalinas Stimme klang wieder normal. «Ich und Pa fahren gleich los, das Zelt holen. Wir übernachten bei Verwandten. Lauter arbeitslose Artisten. Einer ist Jongleur.»

«Jongleur? Ich weiß nicht, kann ich jetzt nicht entscheiden. Ich hab noch eine andere Frage. Die Hunde, wie heißen die noch mal?»

Es war Alberta, die antwortete. Sie hatte jetzt das gesamte Hunde-Unwetter im Kopf, vom Gewitter bis zum Sturm, spanisch und deutsch.

«Gefällt mir gut», meinte Natalie, «aber ist das Wetter in Spanien immer so schlecht? Warum haben die keine Sonne?»

«Natalie will wissen, warum ihr keinen Hund habt, der Sonne heißt», wandte Alberta sich an die Geschwister. Catalina sprang sofort auf und stürzte sich auf das Telefon. Pardal versuchte, es ihr aus der Hand zu schlagen. Das misslang, denn Alberta hatte es nicht losgelassen.

«Hört doch mal auf!!», schrie sie so laut, dass Natalie sie gut verstehen konnte. Und ebenso gut hörte sie Catalinas Stimme: «Wir haben eine Sonne! Und ich werde dafür sorgen, dass sie in dieser Pferdeshow aufgeht. Sire del Sol kommt im Juli zurück. Das heißt ‹Herr der Sonne›. He, Natalie», Alberta hatte ihr das Telefon überlassen, «he, Natalie, brauchst du ein Pferd für diese Story, das schöner ist als alle? Wir stellen Sire del Sol in die Arena und der windfarbene Isländer ist vergessen!»

«Du lässt Tanger aus dem Spiel! Und aus der Show!», rief Pardal. «Pa will es nicht und ich auch nicht!»

«Er ist mein Pferd!»

«So ein Quatsch! Warum sollte er dein Pferd sein?»

«Weil er sich für mich entschieden hat!»

«Weil du ihn rund um die Manege traben kannst, ohne runterzufallen? Ich meine, wenn du Glück hast.»

«Dein Vater», sagte Alberta, «er fährt euren Riesenlaster vom Parkplatz.»

«Ich muss los!»

Ohne ein Wort des Abschieds verschwand Catalina aus dem Zimmer. Natalie hörte nur die Tür knallen.

«Pardal!», rief sie. «Alberta! Gib mir Pardal!»

«Vergiss dieses Pferd», sagte Pardal, «das ist nur ein Tick von Catalin.»

Aber Natalie gab noch nicht auf.

«Ist er wirklich so schön? Wie heißt er noch mal? Was für ein Pferd ist er? Welche Farbe hat er?»

Pardal beantwortete nur die letzte ihrer Fragen.

«Ein Fuchs. Vergiss ihn!»

Und mit einem wütenden Druck auf die rote Taste beendete er das Gespräch.

Alberta schaute mit einem Auge aus dem Fenster, sah Catalina in den Laster steigen, dachte: Die ist erst mal weg. Mit dem anderen Auge beobachtete sie Pardal. Er ließ sich in einen Sessel fallen und starrte an die Decke.

«Ich zeig ihn dir», murmelte er, «dir, nur dir, Tanger, diesen Fuchs. Ich zeig dir ein Foto. Aber du musst mir versprechen, dass du die Augen zumachst, wenn du es siehst. Sonst bist du genauso vergiftet wie alle anderen, verhext, verzaubert, ja, verzaubert.»

Alberta sagte nichts, bewegte sich nicht, auch ohne ein Foto von diesem rätselhaften Pferd fühlte sie sich schon verhext, verzaubert. Sie war allein mit Pardal. Allein in einem Zimmer.

Sie wusste nicht, ob er hier wohnte oder seine Schwester. War ja auch egal. Die war weg! Sie würde nicht kommen. Jetzt nicht und in zwei Stunden nicht. Ihr Vater auch nicht. Sie würden jetzt allein sein, sie und Pardal.

«Irgendwo muss sie ihren Schuhkarton haben», sagte er. «Guck mal. Schuhkarton. Ganz vollgeklebt mit bunten Programmzetteln. Sie sammelt die. Ich werf die immer weg.» Also waren sie wohl in Catalinas Zimmer.

«Ohne Tanger wären wir längst verhungert», erzählte Pardal. «Wir leben von ihm. Zuchthengst. Berber. Wir verpachten ihn an Berbergestüte. Wenn er so dreißig Stuten deckt, sind das gut 30.000 Euro für uns. Pa hat ihn in Marokko gekauft, in Tanger. Darum nennen wir ihn so. Er heißt Sire del Sol, Herr der Sonne oder Hengst der Sonne.»

Merkwürdig. Alberta interessierte sich nicht für dieses Pferd. Oder vielleicht interessierte es sie doch, aber nicht jetzt. Jetzt – was jetzt? Pardal starrte noch immer an die Decke. Sie schwiegen beide. Die Luft schien elektrisch aufgeladen wie vor einem Gewitter. Fragen, die sie beide nicht aussprachen, türmten sich wie Wolkenmassen übereinander. Albertas hilflos im Zimmer umherirrende Augen fanden anstelle einer Antwort den bunt beklebten Schuhkarton im Regal.

«Da», sagte sie.

«Da was?»

«Der Schuhkarton.»

«Ach so.»

Hatte er ihn vergessen?

Langsam stand er auf, ging zum Regal, zog den Karton unter nachlässig gestapelten Heften, wahrscheinlich Programm-

heften, hervor, trug ihn in die Mitte des Zimmers und stellte
ihn auf den Teppich. Es war ein hellbrauner Webteppich,
der lag auf dem alten Dielenboden. Pardal, auf dem Teppich
kniend, hob den Deckel von dem Karton.

«Dürfen wir das?», fragte Alberta.

Fast erschrocken schaute er zu ihr hoch.

«Was?», fragte er.

Ja, was?, dachte Alberta verwirrt. Was habe ich ihn gefragt?
Sie kniete sich auch auf den braunen Teppich. Vor den
Schuhkarton? Neben Pardal? Sie schaute seinen braunen
Händen zu, die vorsichtig, um nichts durcheinanderzu-
bringen, die oben liegenden Fotos beiseite schoben. Aber
er brachte doch alles durcheinander. Zumindest für Alberta.
Auf den oberen Fotos waren die arabischen Schimmel. Und
Catalina. Dann leuchtete zwischen den weißen Pferden ein
goldener Fleck.

«Jetzt musst du die Augen zumachen», flüsterte er.

Das tat sie auch. Aber nicht um dem Gift, dem Zauber des
Berbers zu entkommen. Sie konnte gar nicht anders, denn sie
fühlte im Genick das sanft kitzelnde Streicheln von Haaren,
die nicht ihre eigenen waren, aber genauso schwarz. Immer
wieder strichen die über ihren Nacken, so hin und her, und
ihre eigenen feinen, kaum sichtbaren Härchen da stellten sich
auf. Dann eine heiße Stirn, hart und feucht an ihrem Kopf.
Dürfen wir das?, wiederholte sich ihre Frage, aber niemand
hatte sie gesprochen. Was? Dürfen wir was?

Hilf mir, Irina, dachte sie, denn die Schwester war die Einzige, die ihr jetzt helfen könnte.

Etwas Weiches drückte ihre Nackenhärchen nieder. Jetzt
hätte Alberta Zeit gebraucht, Stunden, Tage, um allmählich

zu begreifen: Das mussten seine Lippen sein. Aber vorher verstand sie etwas anderes, erkannte sie mit einem bitteren Schrecken: Das macht er nicht zum ersten Mal.

Sie zitterte und seine Lippen zitterten mit. Etwas glühend Heißes lief durch ihren Körper wie ein eiskalter Schreck. So fühlt sich Liebe an? Nein. Das war Hass. Alberta floh in ein vertrautes Gefühl: Hass auf den Vater.

Warum durfte ich das nicht schon einmal erleben?, dachte sie. Nur ein bisschen davon. Dasselbe in kleiner, viel kleiner. Eine Berührung in der Disco. Nur im Vorübergehen.

Sie wusste nicht, was sie nun tun sollte. Sie hatte so etwas nicht gelernt. Also tat sie nichts, ließ zu, dass er ihre Schultern fasste, dass er sie langsam und sehr behutsam zu sich umdrehte. Sie merkte, wie geschickt er das machte, wie er ihren Körper in einem sanften Bogen von dem Schuhkarton wegschob. Nur noch der Teppich war unter ihr, der Teppich auf dem alten Dielenboden. Wenn sie nun nach hinten sank, würde sie nicht Catalinas Schuhkarton zerdrücken und die Fotos nicht durcheinanderbringen. Er hatte sie über einen Abgrund geschoben. Sie wollte weg von dem hellen Braun des Webteppichs. Sie wollte zurück zu den bunten Programmzetteln, die auf den Karton geklebt waren, auf denen überall Catalinas Name stand. Er würde es nicht wagen, sich quer über die sorgsam gehüteten Erinnerungen seiner Schwester auf ihren Körper fallen zu lassen.

Da trafen sich ihre Augen. Kirgisenaugen in Indianeraugen. Schwarz in schwarz. Fremd in fremd.

«Nicht?», flüsterte er.

Und er ließ sie los. So vorsichtig und langsam lösten sich

seine Hände von ihren Schultern, dass der leichte Druck seiner Fingerkuppen unter dem T-Shirt auf ihrer Haut haften blieb.

«Ich muss los», sagte sie und erschrak über die Worte, denn Catalina hatte dieselben gebraucht. Pardal schien das nicht bemerkt zu haben.

«Aber du kommst wieder?», flüsterte er. «Wir haben Zeit. Den ganzen Sommer, vielleicht auch den Winter. Ich hatte noch nie so viel Zeit.»

Wozu? Der Gedanke streifte sie nur wie der hastige Flügel eines Zugvogels im Herbst, schon war er weg.

«Bis morgen», krächzte sie. Dann stand ihre Stimme wieder auf festem Boden, denn ihr war eingefallen: «Ich muss zum Rappenhof!»

Sie huschte aus dem Zimmer. Obwohl sie auf der Treppe stolperte, fiel sie nicht. Sie taumelte in das Licht eines hellen Frühsommernachmittags. Sonne! Irgendetwas war doch mit Sonne …

Sire del Sol, fiel ihr ein, Herr der Sonne, Hengst der Sonne …

Tanger – dieses Pferd, sie hatte das Foto nicht angeschaut.

Obwohl sie nicht mehr wusste, wo sie ihr Rad abgestellt hatte, fand sie es sofort. Obwohl sie vergessen hatte, wo der Rappenhof lag, fuhr sie auf dem richtigen Weg. Obwohl es bergauf ging, flog sie ohne Widerstand.

Fühlt sich so Angst an? Fühlt sich so Hass an? Nein, das musste Liebe sein.

Eine Melodie klang durch ihren Kopf. Das war die Frau mit der Reibeisenstimme, über die Sven immer lästerte, die das Buch vom *Geschenkten Gaul* geschrieben hatte. Seit Wochen tönte deren Stimme aus Isas CD-Player. Und obwohl

Alberta aufwärts fuhr, sang sie, sang, ohne es zu merken, laut: «Für mich soll's rote Rosen regnen, mir soll der Himmel auf Erden begegnen …»

Am Samstag rief niemand bei Natalie an. Sie las, was sie bisher geschrieben hatte, sagte: «Bullshit!», und warf alles weg.

Am Sonntag kam Daffodils' Morningcry von der Zuchtschau zurück mit nichts als einer Silbermedaille.
«Wärst du doch mitgekommen», klagte David. «Jana Immerglück, du hättest mir Glück gebracht.»
Jana hatte ihn an diesem Sonntag allein gelassen. Es war das einzige Wochenende, an dem ihre Eltern sie zu Kerstin fahren konnten, und das war ihr wichtiger gewesen als alles andere. Askan! Sie war allein mit ihrem alten Pferdefreund ein wenig um Kerstins Haus herumgeritten, nicht zu weit weg, sie kannte sich ja nicht aus. Natürlich war Felix mitgekommen. Noch immer nutzte er jede Gelegenheit, um seine Dolly wiederzusehen.[8] Jana erzählte Askan von Stuff of Dreams.
« … wir nennen sie Stuffy und sie hat gar keine richtige Farbe. Ganz das Gegenteil von dir, alter Goldfuchs.»
Askan schnaubte und Jana war sicher, dass er ihr Glück wünschte mit ihrer neuen Freundin mit der Fehlfarbe.
Daffodils' Morningcry hatte eine richtige Farbe. Und was für eine!
«Wenigstens Gold», jammerte David. «Das war nicht gerecht. Sie war die einzige Amber Champagne …»

8 Wie Askan und Dolly zu Kerstin gekommen ist, könnt ihr in Band 2 der *Hufspuren* lesen.

«Die Richter haben sich nicht blenden lassen von einer ungewöhnlichen Farbe», unterbrach ihn seine Mutter. «Daran hätte Jana auch nichts geändert.»

«Aber wenn Jana dabei gewesen wäre», mischte sich Dennis ein, «dann wäre David vielleicht wenigstens besser geritten.»

«Hör auf!», fuhr David ihn an. «Ich weiß das selber. Ich habe sie nicht gut vorgestellt. Viel zu überdreht. Trotzdem! Es ist ungerecht …»

«Die deutsche Quarter Horse Zucht ist viel besser, als wir geglaubt haben», sagte Lizzy leise, ohne Zorn. «Wir haben gedacht, wir kommen aus Amerika und sahnen hier alle Zuchtpreise ab. Irrtum! Wir werden es schwer haben mit unserer Zucht.»

«Janas Idee», murmelte Dennis. «Ganz Deutschland wird kommen und sieht dich in der Pferdeshow, Mom.»

«Aber wir brauchen eine Story», meinte David, «eine richtig gute. Jetzt kann uns nur noch Natalie retten!»

Natalie aber hatte den ganzen Samstag Muster aufs Papier gekritzelt, verworrene endlose Linien, die alle von nichts kamen und zu nichts führten. Am Sonntag aber dachte sie: Umgekehrt, ich schreibe nicht die Geschichte von dem Mädchen, das sein Pferd verliert und es wiederfindet, ich schreibe die Geschichte von dem Pferd, das seinen Menschen verliert. Ein Märchen, ja, eins, das jeden Tag geschieht. Denn sie erinnerte sich: Letzten Sommer waren plötzlich alle Pferde grau gewesen. Natürlich hatten die nicht ihre Farben verloren, aber Natalie kamen sie auf einmal alle gleich vor und sie fand sich nicht mehr zurecht. So viele Jahre hatte «Schimmel-Rappe-Fuchs-Brauner» auf ihrem Kompass gestanden, oben und unten, rechts und links, eben da, wo für andere Leute Nord und Süd, Ost und West stand. Und während Fantasy auf dem Ulmenhof noch immer schwarz war und Troilus noch immer schmuddelbraun, verblassten die Eckpunkte auf Natalies Kompass. Kein Wunder, dass sie in ihrem Leben die Orientierung verlor. Plötzlich verstand sie die Mädchen, die mit vierzehn aufhörten zu reiten, weil auf einmal alles bunter war als die Pferde im Stall. Selbst die rosafarbenen Schleifen, die die Voltikinder ihrem geliebten Tipi in die schwarze Mähne flochten, sah Natalie nur noch grau, grau auf grau. Hätte sie damals die Pferde verlassen, wenn sie nicht das Angebot bekommen hätte, die Friesen zu reiten? Schon möglich. Es war nicht so, dass sie sich für irgendetwas anderes interessiert hätte. Es ging ihr schlecht in jener Zeit und sie hatte zu gar nichts Lust.

Und genau diese Geschichte würde sie schreiben. Aber nicht ihre eigene. Sie hatte schließlich kein Pferd verlassen! Sie hatte auf dem Ulmenhof kein Pflegepferd gehabt. Das alles hatten die anderen Mädchen unter sich aufgeteilt, die Menschenfreundinnen und die Pferdefreunde. Natalie kam da nicht vor. Aber Jana! Die hatte ihren Askan verlassen! Felix konnte nichts dazu, dass seine Dolly verkauft wurde. Aber Jana hatte Askan doch eigentlich weggeschmissen! Und wie sie Fantasy behandelte! Man sah doch auf zehn Meter, dass sie dieses Pferd nicht liebte. Jana hatte sich an David herangemacht und die Pferde verlassen! Diese widerliche, giftige Zicke! Wie hatte Natalie sich gefreut, als vor Janas aufdringlichen Augen endlich das Fenster zufiel! Jana Immerglück! Wer hatte ihr diesen Namen gegeben? Den würde Natalie jetzt gründlich kaputt machen! Denn leider hatte die Brille diese Jana überhaupt nicht verändert. Aber jetzt konnte sie ihr eins auswischen! Sie würde ein Märchen schreiben, das Märchen von der Prinzessin, die plötzlich ganz unglücklich wurde und ihr Pferd verließ. Und damit jeder merkte, wer gemeint war, würde sie es nennen: Prinzessin Ohneglück.

An genau jenem Sonntag, an dem Daffodils' Morningcry nichts Besseres als eine Silbermedaille gewann, an dem Jana zu Askan fuhr, um ihm von ihrer neuen Pferdefreundin zu erzählen, schrieb Natalie diese Geschichte:

Im Hintergrund sieht man ein Schloss (mit Beamer auf den Vorhang projizieren), überall Leute in schönen alten Kleidern, der König und die Prinzessin auf ihren Thronsesseln hoch auf einer prachtvollen Treppe, Musik. Schließlich gibt der König bekannt, dass er seiner Tochter zum Geburtstag vier Prinzen bestellt hat. Einen von ihnen soll sie heiraten. Zwischen den vornehmen Leuten reiten die vier Freundinnen der Prinzessin (Friesen). Die rufen (einfach Stimmen aus dem Nirgendwo):
«So komm doch, Prinzessin!»
«Willst du nicht reiten heute?»
«So langweilig bist du noch nie gewesen!»
Die Prinzessin springt die Treppe hinunter und wird auf ihr irre schönes Pferd geworfen.

Halt!, dachte Natalie. Wenn ich dafür dieses Sonnenpferd nehme, muss Catalina das machen. Den kann ja wohl sonst niemand reiten.

Sie schrieb weiter:

Nummer 1: Friesenquadrille, dann kommt die Prinzessin dazu mit ihrem ganz besonderen Pferd. Dazwischen reiten die vier Prinzen durch die Manege.

Felix knattert mit Bogatyr mehrmals durch die Szene, schneller Tölt oder Rennpass.

Die Freundinnen lästern:

«Huch, Prinzessin, den würd ich nicht nehmen, der ist ja immer sofort wieder weg!»

Sven auf Pedro in der Passage.

«Und der wäre mir zu langsam.»

David mit Zippo, zeigt Sliding Stop und Spin.

«Der kann ja nicht mal geradeaus reiten!»

Pardal auf einem Araber ohne Sattel und Zügel, springt auf und ab.

«Den kannst du auch nicht nehmen, Prinzessin, der fällt ja immer runter!»

Das geht so eine Weile, bis sich zeigt, dass die Prinzessin von einem offenbar sehr angezogen wird: Pardal. Kurzer Pas de deux der beiden. Aber die Prinzessin will nicht zugeben, dass sie ihn mag, und jagt ihn weg. Danach wird sie ganz lustlos und traurig. Der König lässt ausrufen, dass er das halbe Königreich demjenigen gibt, der seine Tochter wieder glücklich macht. Überall verbreitet sich die Nachricht von Prinzessin Ohneglück. Die kümmert sich nicht mehr um ihr Pferd, Sire del Sol heißt er, der Sonnenhengst. (Er gehört den Romeros, ich kenne ihn noch nicht.)

Der König entscheidet, sie soll sich ein neues Pferd aussuchen, damit sie wieder Freude hat, das beste in seinem Königreich.

Sie fahren mit der Friesenkutsche durch das Land, kommen zuerst zu einem Barockschloss. Nummer: Pas de Deux der Andalusier mit Isa und Sven. Sie kommen dann in eine Jagdgesellschaft: Nummer Springquadrille. Dann zu einem großen Landhaus: Nummer Moderne Dressurpferde, Troilus und Malachit. Jedes Mal nehmen sie ein Pferd mit und hängen es hinter die Friesen-

kutsche, jedes Mal, wenn die wiederkommt, folgt ihr also ein Pferd mehr. Und immer hört man in diesen Zwischenszenen die Stimmen der Freundinnen. Sie rufen die Prinzessin zu ihrem eigenen Pferd. Denn Sire del Sol wird zuerst ganz wild, dann frisst er nicht mehr, dann steht er nur noch unglücklich rum, dann wird er krank, es wird schlimmer und schlimmer. Aber die Prinzessin hält sich die Ohren zu. Inzwischen sind sie ziemlich weit weg vom Hof. Da ist man nicht mehr so königstreu. In einem Dorf feiert man das Maifest: Nummer Isländer, Bänderquadrille, Tanz um den Maibaum. Als die Hofleute aus der Kutsche steigen, um sich da ein Pferd zu nehmen, greifen die Dorfhunde an. Hundenummer: Alle Hofleute fallen um. Die Prinzessin steigt selber aus und wird von den Hunden den Maibaum hinauf bis zum Trapez gejagt. Während sie da turnt, stehlen die anderen einen Isländer.

Am nächsten Ort wird es noch schlimmer. Jetzt fährt die Friesenkutsche durch die Wildnis und wird von Westernreitern angegriffen. Die wollen die Kutsche anzünden: Lizzys Feuernummer. Ein paar Soldaten im Gefolge des Königs klauen trotzdem ein Westernpferd. Die Freundinnen schreien, dass Sire del Sol schon halb tot ist, die Prinzessin will davon nichts hören und flieht an den Rand dieser Welt in ein Elfenreich: Neto Romero mit den Arabern allein, dann die Voltimädchen, dann Catalina. Die Gefolgsleute des Königs wollen einen von den Arabern einfangen, aber sie kriegen ihn nicht. (Das ist doch eine Supernummer, wie der steigt, auf den Hinterbeinen läuft usw.) Die Prinzessin will dieses, unbedingt dieses Pferd, denn das ist das Pferd des Prinzen aus der ersten Szene. Und plötzlich ist der Prinz wieder da und springt auf den Schimmel. Jetzt wird klar, worum es ihr die ganze Zeit wirklich ging. Da kommt der Schrei:

«Prinzessin! Sire del Sol! Er stirbt!»

Alle weg. Sie bleibt allein in der Manege. Sire del Sol kommt herein, er sieht schrecklich elend aus und bricht in der Manege zusammen.

Die Prinzessin läuft auf ihr Pferd zu, befreit es von allem Dreck und Elend (keine Ahnung, wie wir das machen, vielleicht mit einem Double? Das müsste dann schnell ausgetauscht werden. Man könnte die ganze Elfenszene auf so einen Bodennebel setzen und der wird immer dichter). Sire del Sol steht auf, die Prinzessin sitzt auf ihm, ohne Zaumzeug und Sattel, Pardal kommt mit dem Araber rein. Kurzer Tanz der beiden. Großes Finale.

Dies verschickte Natalie an alle als E-Mail, im Betreff stand: Prinzessin Ohneglück – und irgendwie hatte sie dabei das Gefühl, dass etwas nicht stimmte.

HÖRFEHLER

11

Am Sonntagabend gleich nach dem Füttern fuhr Alberta vom Rappenhof ab. Sie wollte noch zu Lizzys 3D-Ranch. Den ganzen Sonntag hatte sie nichts anderes denken können als: Pardal … Sie spürte wieder die Spitzen seiner Haare im Genick und seine Lippen, und da konnte sie überhaupt nichts mehr denken, auch nichts mehr hören und nichts mehr sehen. Sie stolperte über jeden Strohhalm auf der Stallgasse. Es regnete, der Boden war tief und matschig, Alberta merkte nichts davon und die schwere Schubkarre flog vor ihr zum Misthaufen, als sei sie mit Luftballons gefüllt. Als sie aber dann auf dem Weg zur Ranch war, kehrte sie um und fuhr nach Hause. Sie hatte plötzlich Angst, Pardal zu begegnen.

Irina, dachte sie, nur du kannst mir helfen.

Ihre Schwester merkte dann auch sofort, wie sehr das heruntergekommene Fachwerkhaus in Gefahr stand, Feuer zu fangen, weil eine rotglühende Alberta sich an die Balken lehnte. Irina schaute die Schwester nur einmal an, lächelte und grinste überhaupt nicht. Alberta war sehr erleichtert. Sie musste sich keinen Ruck geben und sich zwingen, über ihr schwieriges Glück zu reden. Ein Blick war genug und der Anfang war – wortlos – schon ausgesprochen. Es tat gut, mit Irina zu reden, wenn die ihr auch nicht diktieren konnte, wie sie sich nun verhalten sollte.

«Denk einfach nicht darüber nach», war ihr Rat, «genieße das Gefühl, alles Übrige findet sich. Und – hey, Alberta – wenn du jetzt endlich begreifst, wie schön das ist, dann muss ich mir ja nun wohl Mühe geben, ich meine, dass ich endlich kapiere, wie toll deine Pferde sind!»

So kam Alberta am Montagmorgen einigermaßen pünktlich zur Schule, erklärte ihren abwesenden Blick damit, dass sie kaum geschlafen hatte – was stimmte –, und sie erhielt die Story für die Pferdeshow gleich doppelt. Sowohl Jana als auch Theres hatten ihr Natalies Mail ausgedruckt.

«Prinzessin Ohneglück», kicherte Jana. «Was will sie wohl damit sagen?»

«Ich glaube, sie will dir eins reinwürgen», meinte Theres. «Ich finde den Titel doof.»

Aber Jana konnte nur darüber lachen.

«Quatsch», sagte sie, «die soll sich nicht so anstellen. Ich hab doch gar nichts mehr gegen sie. Alles Vergangenheit, längst versteinert. Ich hab ihr eine SMS geschickt. Ihre Story ist super!»

Theres äußerte sich nicht dazu. Irgendetwas schien ihr an der Geschichte nicht zu gefallen.

Als Alberta dann gleich nach dem Mittagessen zum Rappenhof fuhr, war sie ganz aufgeregt, denn sie hatte eine fantastische Idee.

Blesi, dachte sie, Blesi muss das Double für den Berber sein. Das ist der Hammer! Wie groß ist eigentlich so ein Berber? Wie ein Araber?

Hätte sie das rätselhafte Pferd, um das sich die Geschwister Romero so sehr stritten, am Freitag in Catalinas buntem Schuhkarton doch wenigstens angeschaut! Aber anstatt zu bedauern, was sie verpasst hatte, wurde sie bei der Erinnerung an diesen Augenblick wieder überschwemmt von jenem ganz anderen Gefühl: Pardal …

Nun stand sie im Reiterstüble. Es war noch früh. Sie hatte fast eine Stunde Zeit, bis der Wagen aus Lautenbühl kommen würde, um wie jeden Montag die Kinder zum therapeutischen Reiten zu bringen. Sie freute sich auf Christian, der jetzt frei, ohne sich an den Griffen festzuhalten, auf Skuggi sitzen konnte, der immer häufiger lachte, und alle paar Wochen lernte er ein neues Wort.[9] Auf dem Rappenhof war Alberta zunächst mit den Ponys allein. Sven und Isa waren noch im Haus. Aus dem offenen Küchenfenster kam Musik. Da sang schon wieder diese Frau, die das Buch über den *Geschenkten Gaul* geschrieben hatte. Unverwechselbar war ihre rauchige Stimme.

Im Paddock spielte Blesi mit Gustur. Es schien ihm gut zu gehen. Die Medikamente, die er gegen das Cushing Syndrom bekam, waren inzwischen gut dosiert. Im nächsten Herbst,

---

9 Christians Geschichte steht in *Hufspuren, Band 4: Geschecktes Glück.*

wenn allen das Winterfell wuchs, würde er wieder gesund aussehen. Aber noch war er mager, das geschorene Fell war völlig glanzlos, er sah zerrupft und elend aus. Alberta streichelte seine Blesse. Er brummelte leise. Wahrscheinlich hieß das: Hast du ein Leckerli? Ja, hatte sie, aber mitten in der Herde ein Pony zu füttern, hatte Isa streng verboten.

«Später», flüsterte sie ihm in eines seiner pelzigen Ohren. «Christian und die anderen Kinder kommen. Da wirst du gebraucht. Dann kriegst du dein Leckerli. Und – he, Blesi! – ich glaube, du wirst noch ganz woanders gebraucht. Und zwar gerade, weil du so bist, wie du bist. Ich denke, du bekommst einen kurzen Auftritt als großer Star. Als sterbender Star. Aber du stirbst natürlich nicht.»

Sie versuchte, sich die Schlussszene der Pferdeshow vorzustellen: Dicke Nebelschwaden wabern über den Arenaboden. Aus dem Nirgendwo schreien die Stimmen der Freundinnen: «Sire del Sol, Prinzessin, dein Freund, er stirbt!» Der Vorhang geht auf, Blesi taumelt herein und stürzt.

Das kann Sven ihm beibringen, dachte Alberta.

Prinzessin Ohneglück springt aus der Friesenkutsche und und rennt zu ihrem sterbenden Freund.

Fehler!, schrillte es in ihrem Kopf. Da ist was falsch!

Aber sie beachtete die Fehlermeldung nicht, denn eine andere Stimme peitschte dazwischen. Es war Catalinas und sie schrie: «Morisco!»

Pardals Andalusier! So ähnlich war er gestorben, mitten in der Manege. Was hatte Natalie da gemacht?!?! Würden die Romeros diese Geschichte aushalten? Würde sie selber das aushalten? Und wieder biss diese entsetzliche Frage scharf in ihren Magen: Warum ist das Pferd gestorben? Und woran?

Was haben sie ihm gegeben? Ist Pardal schuld? Hat er sein Pferd umgebracht? Diese Frage vergiftete das flirrende Glücksgefühl dieses Wochenendes. Sie verließ Blesi und ging ins Reiterstüble. Wieder stolperte sie über jeden Strohhalm, aber nun tat das weh, jeder Schritt tat weh, als ob sie über Messer liefe. Sie fühlte sich wie ein kolikkrankes Pferd.

Das Buch vom *Geschenkten Gaul* lag nicht mehr auf dem Tisch vom Reiterstüble. Nur um etwas zu tun, griff Alberta nach einer der Pferdezeitschriften und blätterte darin herum. Das Stalltor ging auf und fiel krachend wieder ins Schloss. Theres huschte herein und setzte sich wortlos auf die Bank. Barana, die ebenso lautlos mit ihr hereingekommen war, legte sich nicht wie sonst neben Theres, sondern lief hektisch hin und her. Merkwürdig laut tickten dabei ihre Krallen auf den Holzboden. Oder empfand Alberta Baranas tapsendes Herumlaufen nur deshalb als so laut, weil alle ihre Nerven ungeschützt lagen? Zwei Gedanken spielten Tauziehen mit ihren Nerven. In die eine Richtung zog: Pardal, ich komme, komme bald, lass mir noch ein ganz kleines bisschen Zeit. In die andere Richtung zog: Was hast du getan, Pardal? Was hast du ihm angetan, deinem Pferd? Mit Fingern, nervös wie Baranas Pfoten, blätterte sie in der Pferdezeitschrift. Da war ein Bild: Vier braune Warmblüter vor einem Wagen. Auf einem Turnierplatz in einer Fahrprüfung gingen sie in eine sehr enge Kurve.

Theres' Hände waren allerdings auch nicht gelassener. Sie griff nach einer Limoflasche, drehte am Verschluss, bis die Kohlensäure zischte, und schob sie wieder weg.

Was hat denn die?, dachte Alberta. Heute Morgen in der Schule war sie schon so schlecht drauf. Halb abwesend las sie, was neben dem Foto von dem Vierspänner stand.

«Der Titel ist doof», sagte Theres, «saudumm! *Ohneglück*. Wer geht denn in eine Show, die *Ohneglück* heißt?»

Alberta hörte ihr nicht zu. Sie versuchte zu verstehen, was sie las.

«Natalie muss einen neuen Titel finden!», verlangte Theres.

‹Myopathie› las Alberta lautlos. Das Wort hatte sie noch nie gehört.

«Und dann passt nichts mehr zusammen», fuhr Theres fort. «Dann stimmt vielleicht gar nichts mehr an der Geschichte und Natalie muss eine neue machen. He, hörst du mir überhaupt zu?»

Nein, das tat Alberta nicht. Sie wusste immer noch nicht genau, was Myopathie in der Medizin war. Für sie war es an diesem Tag das Zauberwort zum Glück. Und nur ganz verborgen blieb tief in ihr sehr schwach ein einziger mieser Gedanke: Kann man sich so freuen, weil man liest, dass ein Pferd gestorben ist? Eines der vier Kutschpferde war tot. Das linke, hintere. Alberta zwang sich, es genau anzuschauen, aber eigentlich sahen sie alle vier gleich aus. Auf dem Foto. Noch. Wenige Minuten später sahen sie bestimmt nicht mehr gleich aus, denn da fing dieses an zu sterben. Ganz plötzlich. Mitten in der Fahrprüfung. Auf dem Abreiteplatz, las Alberta, hatte man diesem Pferd nichts angemerkt. Akute Myopathie. Ein Verfall von Muskeln. Niemand hatte es bemerkt. Offenbar ging das so schnell mit dem Verfall der Muskeln. Und wenn der Herzmuskel betroffen war …

So war es gestorben, das arme Kutschpferd. So war er gestorben, der arme Andalusier. Niemand hatte es ahnen können. Und Pardal war unschuldig. Vollkommen. Pardal war vollkommen … Pardal war jetzt vollkommen!

Alberta spürte, wie etwas in ihr riss. Nein! Nicht riss! Im Gegenteil. Der Gedanke, der tauziehend an ihren Nerven zerrte, ließ los. Sie fiel auf die andere Seite, fiel in weiches Wattegefühl, in: Ich komme, Pardal! Bald!

«Was hast du denn?», fragte Theres.

«Ich?» Alberta zuckte zusammen. «Nichts. Nichts.» Hastig schlug sie die Zeitschrift zu. Das musste niemand wissen. Das war nur für sie wichtig und ging Theres nichts an.

«Warum kommt Isa nicht?», fragte Theres.

«Ist noch zu früh», meinte Alberta. «Felix ist auch noch nicht da.»

«Doch», sagte Theres, «ich hab sein Rad gesehen. Wahrscheinlich mistet er die Boxen von den Andalusiern aus.»

Alberta stand auf.

«Komm, wir gehen zu Isa», schlug sie vor. «Die ist in der Küche.»

Musik kam aus dem offenen Küchenfenster. Noch immer die Frau mit der Reibeisenstimme. Sie sang aber gerade nicht von Rosen, die auf sie selber regnen sollten, sondern verkündete rauchig und rostig, sie habe noch einen Koffer in Berlin und darum müsse sie wieder dahin fahren.

Was für ein Quatsch!, dachte Alberta. Komisch, dass Isa so total darauf abfährt.

«Hi, Isa!», rief sie. Kann ich noch was helfen?»

Isa erschien am Fenster.

«Nein, alles fertig. Sven ist im Schuppen und sucht unsere alte Requisitenkiste. Da müssen noch die Bänder drin sein von der Quadrille. Theres, du willst sicher Hrimfaxi in der Show reiten.»

Hatte jemand dicht neben Alberta «Nein!» gesagt? Aber da

war nur Theres und die widersprach Isa nie. Alberta hatte keine Zeit, darüber nachzudenken.

«Ich habe eine Idee», sagte sie. «Glaubst du, Sven kann Blesi beibringen, sich hinzulegen? Und zwar ziemlich bald?»

«An diesem Wochenende, wenn er genügend Bananen-leckerlis hat. Aber ich bin heftig dagegen. Warum soll der sich hinlegen?»

«Warum bist du dagegen?»

«Stell dir vor, Sven macht eine Reitstunde. Ein kleines liebes Anfängerchen sitzt auf Blesi und findet sich toll, weil das Pony alles tut, was der Reitlehrer verlangt. Das Kind glaubt, es reitet. Aber Blesi guckt natürlich nur auf Sven. Der steckt eine Hand in die Tasche, um sich ein Taschentuch zu holen. Blesi rechnet kühn optimistisch hoch, Sven könnte ein Bananenleckerli holen, Blesi wendet vom Hufschlag ab und legt sich schnaubend und gierig vor Svens Füße. Das ist mein Grund. Jetzt deiner. Warum soll er das lernen?»

«Weil wir ein Double brauchen. Für Catalinas Superberber. Und Blesi ist auch ein Fuchs. Und er sieht mit dem gescho-renen Fell wirklich oll aus.»

«Hm», meinte Isa, «das hat was.»

Es war einen Augenblick still. Die rostige Stimme hatte offenbar ihren Koffer in Berlin gefunden oder endgültig verloren. Alberta erwischte sich bei dem Wunsch, das Reib-eisen möge jetzt wieder von den roten Rosen singen. Für sie gab es gerade kein passenderes Wetter als Roter-Rosen-Regen. In der Pause, bevor das nächste Lied anfing, sagte Theres: «Ich finde den Titel doof. *Ohneglück* – da kommt doch niemand.»

«Stimmt», Isa stützte die Ellbogen auf das Fensterbrett und das Kinn in die Hände. Doch dann hob sie den Kopf und da hörte auch Alberta Hufschlag hinter sich. Vier Pferde mit zwei Reitern kamen im Schritt auf den Hof.

«Oh, Jana», sagte Theres. «Sie will uns ihre neue große Liebe vorstellen.»

«Der ist doch schon lange nicht mehr neu», meinte Isa.

«Nicht David. Die Stute.»

Jana und David ritten die beiden erfahrenen alten Quarter Horse Füchse, David seinen Go Zippo Go und Jana DJ's Rockin' Chair, der eigentlich Dennis' Pferd war. Sie führten die beiden jungen Stuten als Handpferde.

«Barana!», rief Theres. «Barana!!!»

Aber die Hündin war nirgendwo zu sehen.

«Lass sie doch», sagte Alberta. «Sie geht nicht hier weg.»

«Aber sie jagt die Hennen.»

«Nein, macht sie nicht mehr. Gestern hab ich die Andalusier gemistet, da lag sie mit Henny und Jenny in Pedros Box.»

Theres schaute sich noch einmal zweifelnd um, aber dann wurde sie von Janas ‹neuer großer Liebe› abgelenkt.

«Das ist sie», verkündete Jana. «Stuff of Dreams, Quarter Horse, drei Jahre. Wundert euch nicht über die komische Farbe. Sie ist ein Smoky.»

Während die anderen Stuffy bewunderten, glitt Alberta wieder in ihr Watte-in-den-Knien-und-Kopf-in-den-Wolken-Pardal-Gefühl hinein. Die rostige Stimme in der Küche bewunderte noch immer Berlin, offenbar ihre Lieblingsstadt. Dabei machte sie seltsame Beobachtungen. Sie sang: «Berlin, dein Gesicht hat Sommersprossen». Alberta hörte ihr so wenig zu wie den anderen.

Er ist unschuldig, dachte sie. Er hat Morisco nichts gegeben, ihn nicht gedopt, nicht aufgeputscht, nie!

David und Jana waren abgesessen. Jana stand direkt neben Alberta. Die merkte nicht, dass die anderen über den Titel sprachen. Prinzessin Ohneglück! Alle stimmten sie Theres zu. Nein, das ging nicht! Auf gar keinen Fall! Alberta hörte wie von Weitem:

«Natalie wird doch ein anderer Titel einfallen.»

«Wir können ja alle mitdenken.»

«‹Ein verlassenes Pferd.›»

«Das ist ja noch schlimmer! Vielleicht muss Natalie eine ganz andere Geschichte schreiben.»

«Nur weil der Titel schwach ist, ist doch die Story nicht schlecht.»

Und da endlich bekam Alberta ihren Rote-Rosen-Regen! Sie fing an, leise mitzusummen. Den Kopf im Himmel, die Füße zwischen den Wolken, lauerten ihre Ohren nur auf den Refrain des Liedes. Da!

‹Für mich soll's rote Rosen regnen, mir soll der Himmel auf Erden begegnen …›

Jana zuckte zusammen. Ihr Kopf flog herum. Ihre Bernstein-augen hinter Glas starrten Alberta an. Sie öffnete den Mund, aber es kam kein Wort, nur etwas verzögert ein Schrei: «…i i i i ijaaaaa!!!!!»

Alle waren still. Die Reibeisenstimme sang allein weiter, begleitet vom verwunderten Schnauben der Pferde. Alle schauten auf Jana. Und die starrte Alberta an.

«Sing das noch einmal», verlangte sie.

Nun zuckte Alberta zusammen. Sie hatte überhaupt nicht gemerkt, dass sie gesungen hatte. Oh, war das peinlich!

«Bitte, Alberta, bitte!»

Was hatte sie denn gesungen? Hatte sie ein Geheimnis aus-
geplaudert?

Die beiden jungen Stuten spürten die Spannung. Ihre unbeschlagenen Hufe trippelten auf dem Pflaster. Isa stellte den
CD-Player ab.

«Bitte, Alberta!»

Es half nichts. Sie musste da durch. Sie räusperte sich, hustete
ihre Verlegenheit weg und es fiel ihr ein, was sie gesungen
haben musste: «Für mich soll's rote Rosen regnen, mir soll
der Himmel auf Erden begegnen …»

Weiter kam sie nicht. Leise, aber doch für alle zu hören,
hauchte Jana: «Das ist es! Genial!»

«Was?», fragte David.

«Was meinst du?», fragte Isa.

«He, Jana!», sagte Theres. «Isa, ruf einen Arzt, sie hat einen
Sonnenstich.»

«Das – das ist nur ein Lied», versuchte Isa zu erklären, «das
Lied von meiner CD. Aber Alberta hat einen falschen Text
gesungen. Es heißt nicht ‹… der Himmel auf Erden …›,
sondern ‹… mir sollen alle Wunder …›»

«Das ist unser Titel!», schrie Jana.

«Sie ist verrückt geworden», sagte Theres.

«Das haben wir schon mal gedacht», meinte David, «und da
hat sie eine super Idee gehabt.»

Plötzlich fing Isa an zu lachen.

«Hörfehler!», rief sie. «Typischer Jana-Hörfehler. Ja, das ist
wirklich genial! Sie hat nicht verstanden ‹Der Himmel auf
Erden›, sondern ‹Der Himmel auf – Pferden›. Und das *ist*
unser Titel!»

Nun sprachen sie alle durcheinander. Sogar für Alberta war nichts mehr peinlich. Und wie sie alle gleichzeitig schrien, waren sie auf einmal alle still. In das fast ehrfürchtige Schweigen hinein wiederholte Jana feierlich: «Der Himmel auf Pferden!»

Und dann kam Felix. Er rannte über den Hof. In beiden Händen trug er so etwas wie ein Nest aus Stroh. Henny und Jenny liefen empört gackernd vor ihm und hinter ihm. Neben ihm sprang Barana. Die kümmerte sich überhaupt nicht um die Hennen, sondern hüpfte neben Felix und versuchte mit der Nase, das Stroh auf seinen Händen zu erreichen. Felix platzte mitten in die Gruppe von Menschen und Pferden, warf einen kurzen Blick auf die Stuten, kicherte, lachte, strahlte Isa an.

«Deine Hennen, Isa!», rief er. «Sie sollten doch in die Suppe, weil sie keine Eier mehr legen. Hier!»

Er hielt das Stroh hoch. Darin lagen drei oder vier Hühnereier, die wahrscheinlich Pedros Andalusierhufe zu Omelette zertreten hatten. An Baranas langer Jagdhundschnauze klebten Reste von Eierschalen.

MEIN PFERD! MEINS! 12

«Theres!», rief Isa. «Hallo, Theres! Wo bist du denn?»

Es war gut zu sehen, wo Theres war, zumindest äußerlich: Sie saß auf dem sommerwarmen blanken Rücken von Hrimfaxi. Und dennoch war Isas Frage berechtigt. Theres war mit allen Gedanken offenbar ganz woanders.

Scheiß-Story, dachte sie. Natalie muss eine andere machen.

«Ist dir nicht gut?», fragte Isa. «Du reitest ja gar nicht. Und du hast dich doch so auf die Ohne-Sattel-Reitstunde gefreut.»

Das stimmte. Theres durfte noch nicht lange ohne Sattel reiten. Früher hatte ihre Mutter das strikt verboten. Aber nun hielt sie sich an den Vorsatz, ihrer Tochter nicht mehr alles zu verbieten, was ihr selber gefährlich schien.

«Willst du nun galoppieren?», fragte Isa.

Theres ritt Hrimfaxi auf den Hufschlag und galoppierte eine Runde um die anderen Ponys herum.

«Super!», lobte Isa. «Vor allem, weil das mit Hrimfaxi wirklich schwierig ist. Er ist extrem schmal, sehr unbequem ohne Sattel. Carolin hat es mit Mana viel leichter. Also! Carolin!»

Theres ordnete sich auf dem zweiten Hufschlag ein und hatte wieder Zeit für ihren Ärger und ihre schlechte Laune. Sie war wütend. Aber nicht auf ihre Mutter oder einen Lehrer oder sonst was Normales. Sie war wütend auf Isa. Das war ungewöhnlich und die Wut tat doppelt weh. Hätte Isa sich nicht so aufgeregt, als Sven vorschlug, Theres müsse in der Pferdeshow unbedingt Bogatyr reiten, dann hätte Natalie vielleicht doch eine Szene dafür erfunden.

«Theres und Bogatyr – das ist ein Bild wie aus einer alten Sage», so war Svens Ansicht. «Theres als Elfenkönigin mit fliegenden Haaren auf dem Märchenpferd …»

«Kommt nicht in Frage!», das war Isas Einstellung. «Auf keinen Fall reitet sie dieses Pferd. Und schon gar nicht ohne Reitkappe! Außerdem erlaubt ihre Mutter das nicht.»

Ihre Mutter hatte keine Gelegenheit gehabt, diesen Auftritt zu verbieten. Und Natalie keine Chance, diese Szene zu schreiben.

Und sie selber? Hätte sie keine Angst davor, mit diesem schwierigen Pferd in der Show aufzutreten? Doch! Sehr! Aber da keinerlei Gefahr bestand, dass sie Bogatyr tatsächlich würde reiten dürfen, konnte sie es sich ganz heftig wünschen. Und sie war fürchterlich sauer, weil nun Felix im Glanz der silberfarbenen Mähne sein würde, mal wieder Felix. Dabei interessierte der sich gar nicht für Isländer!

Der kam doch nur noch, wenn er Pedro reiten durfte. Oder wenn Christina hier war.

Tatsächlich sah man Felix nur noch selten. Er musste nun noch häufiger auf seine beiden kleinen Brüder aufpassen. Seine Mutter war Krankenschwester und machte eine Zusatzausbildung zur OP-Schwester. Dann würde sie mehr verdienen, und sie hatte Felix versprochen, dass er dann vielleicht ein ganz kleines Pferdchen kaufen könnte, ein Fohlen, ein Fohlen von Dolly… Felix hatte schon angefangen, Kerstin zu überreden, Dolly im nächsten Jahr decken zu lassen. Also versorgte er seine Brüder, arbeitete bei seinem Tierarzt und war selten auf dem Rappenhof. Trotzdem durfte er Bogatyr reiten.

Was hat man davon, dass man reich ist, wenn man sein eigenes Pferd nicht reiten darf?, dachte Theres.

Von außen sah man nichts von ihren tobenden Gefühlen. Sie war ein wenig unkonzentriert und saß ein bisschen steif auf Hrimfaxis bloßem Rücken, aber da sie mit ihrer fleischlosen Sitzfläche nicht ganz schmerzlos auf der spitzen Wirbelsäule des schmalen Ponys reiten konnte, fiel auch Isa nichts auf. Ein anderes, runderes Pferd hatte sie nicht haben wollen. Nur Bjalla natürlich! Aber das durfte sie nicht sagen, nicht einmal andeuten, um Christina nicht zu verletzen. Bjalla ging jetzt hinter ihr. Als einziges Pony trug sie in dieser Stunde einen Voltigiergurt. Ganz ohne Haltegriff durfte Christina nicht reiten.

Und Bjalla wird immer einen Gurt um den Bauch geschnallt haben, dachte Theres. Nie, nie mehr kann sie geritten werden, ohne dass man ihr den Bauch zuschnürt.

«Gut», sagte Isa, «dann nehmt ihr die Zügel jetzt noch einmal

auf und versucht leichtzutraben, außer Christina natürlich.»
Natürlich! Natürlich!, dachte Theres. Das kann sie ja nicht.
Immer sitzt sie – platsch – auf Bjallas armem Rücken, mit
und ohne Sattel. Und ich darf nicht mal zeigen, dass mir das
wehtut. Ich würg ihr eins rein, gleich, ich sag's! Es geht mir
doch nur um mein Pferd!

Leichttraben ohne Sattel ist sehr anstrengend. Theres
brauchte alle ihre Kräfte und wurde für ein paar Minuten
die bösen Gedanken los. Erst als die Anweisung kam: «Zügel
aus der Hand kauen lassen und die Ponys noch im lockeren
Schritt reiten», da fielen die Wut und die Enttäuschung
wieder über sie her. Denn das Schlimmste war ja nicht, dass
Christina nicht leichttraben konnte. Das Schlimmste war
doch, dass man Bjalla ihre einzige Freundin nun auch noch
weggenommen hatte! Im Augenblick machte das nichts aus.
In einer halben Woche begannen die Sommerferien und
bis zu deren Ende würde Bjalla hier auf dem Rappenhof
zusammen mit ihren alten Freunden sein. So lange wohnte
Christina bei Laura. Aber danach? Was kam danach? Dann
musste Bjalla wieder mit zu Christina gehen und in einem
Reitstall mit lauter Großpferden wohnen. Und sobald Svala
ihr Fohlen hatte, würde sie da ganz ohne Freunde sein. Wie
konnten die das zulassen?! Auch Isa!

«Ich denke, ihr könnt jetzt absitzen», hörte sie Isas Stimme,
«und die Ponys zum Füttern bringen.»

Fünf Mädchen sprangen von ihren ungesattelten Pferden,
eine blieb auf ihrem Pony sitzen. Christina musste zurück-
reiten bis zu ihrem Rollstuhl.

Für Bjalla kein Meter ohne Gurt und Gewicht, dachte
Theres. Und ich darf nur in derselben Nummer reiten wie

die! Bänderquadrille! Wie albern! Ich kann doch wohl ein bisschen mehr als ein Mädchen mit gelähmten Beinen!

Laura auch, fiel ihr ein. Laura erst recht. Die darf Isas Andalusier reiten. Die ist viel besser als ich. Und Laura wird auch nur diesen einen Auftritt haben.

Aber Laura gehört der Andalusier schließlich nicht, dachte sie. Und Bogatyr ist mein Pferd! Meins!

Während sie Hrimfaxi zum Putzplatz führte, entschied sie: Ich werde Bogatyr reiten! Natalie muss mir eine Szene schreiben. Wir zwingen sie. Sonst zahlt meine Mutter die Kostüme nicht. Und dann wird das eine Show in gefärbten C&A-T-Shirts. Wenn ich es schaffe, Bogatyr zu reiten, bin ich wie Jana und habe immer Glück. Und kriege einen Freund, der reitet und nicht Basketball spielt. Und Bjalla wird …

Für Bjalla fiel ihr nichts dazu ein.

Eine Stunde später hatte sie Hrimfaxi versorgt und hatte – an anderes denkend – ihre Stallarbeit erledigt. Barana fand sie mal wieder in Pedros Box. Da leckte die Hündin gerade ein Hühnerei aus. Theres fuhr mit dem Rad nach Hause. Es war nun lange hell, sie hatte Zeit, ihre Mutter erwartete sie noch nicht. Normalerweise trennte sie sich nicht so schnell vom Rappenhof.

Sie musste einen Plan machen. Zuerst musste sie die Angst vor Bogatyr loswerden. Wer konnte ihr dabei helfen? Mit wem konnte sie reden? Auf keinen Fall mit ihrer Mutter! Die durfte erst davon erfahren, wenn Theres ganz sicher behaupten konnte: Ich schaffe das mit diesem Pferd. Isa fiel auch aus. Ebenso Jana, Alberta. Felix. Die alle waren von Natalies Story völlig begeistert. Sie brauchte jemanden, der mit der ganzen Sache nichts zu tun hatte.

Sebastian!

Seit fast einer Woche hatten sie sich weder gesehen noch telefoniert. War das nun vorbei? Weil sie am letzten Samstag wieder nicht zu seinem Basketballspiel gekommen war? Sie hielt auf der Höhe, wo sie einen guten Handyempfang hatte, und rief ihn an.

Er freute sich. Und er sagte, dass er sich freute! Theres' Stimme zitterte von Handy zu Handy, obwohl der Empfang hier oben wirklich gut war. Und er verstand sie sofort.

«Klar musst du den reiten», stimmte er zu. «Ich will dich sehen auf dem Superpferd. Aber ohne diesen Reithelm. Kann man den weglassen?»

«Weiß ich nicht. Erst mal muss ich Bogatyr überhaupt mal geritten haben.»

«Ist doch dein Pferd.»

«Ja, aber ich kann ihn nicht von der Weide holen lassen, weil ich ihn reiten will, und dann krieg ich die Krise und trau mich nicht.»

«Verstehe. Dann reitest du ihn da oben auf der Weide.»

«Das darf ich nicht.»

«Wer kann es dir verbieten?»

«Hm – eigentlich nur meine Mutter.»

«Ich komme mit», erklärte Sebastian. «Du lässt dir zwei Ponys geben und wir reiten aus.»

‹Wir› hatte er gesagt! ‹… reiten aus …› hatte er gesagt.

«Haben wir doch schon mal gemacht. Ich kriege wieder so ein braves Pony und du hältst es am Strick. Und dann reiten wir zu dem Bogi da oben. Sattel haben wir ja dabei. Wegrennen kann er nicht. Ist doch alles eingezäunt. Was soll da passieren?»

«Ich kann runterfallen.»

«Dann bin ich bei dir», sagte er, sagte es so leise, dass dieses Abenteuer für Theres eine ganz andere Bedeutung bekam.

«Wann?», flüsterte sie.

«Morgen?»

Sie erschrak. So bald?

«Morgen», stimmte sie zu. «Am Nachmittag. Vormittags ist Hausfrauenreitstunde, da braucht Isa alle braven Ponys.»

«Ich freue mich», sagte er.

«Ich auch», sagte sie.

«Sebastian kommt?», fragte Isa.

Theres nickte. Sie stand im Reiterstüble. Alberta hatte beim Stallmachen geholfen. Sie saß am Tisch und blätterte in einer Pferdezeitschrift. Das hatte sie in den letzten Tagen doch schon öfter gemacht. Immer blätterte sie bis zu dem Foto mit einem Vierspänner, schaute die Kutschpferde an und schlug die Zeitschrift wieder zu.

«Klar kannst du die Ponys haben», sagte Isa. «Find ich gut, dass Sebastian wieder kommt. Ich hab schon gedacht, das wär vorbei.»

«Nein», sagte Theres, «ist es eigentlich nicht.»

Alberta rollte die Zeitschrift zusammen und hielt sie im Arm wie …

… ja wie?, dachte Theres. Wie ein Kätzchen, das sie streicheln möchte? Oder wie? Was hat sie nur mit diesem Vierspänner?

«Kann ich die Zeitschrift haben?», fragte Alberta.

«Nächste Woche, wenn die neue Ausgabe da ist», nickte Isa.

Alberta lehnte den Kopf an das zusammengerollte Papier.

«Ja, find ich auch gut», sagte sie, «ich meine, dass du wieder mit Sebastian zusammen bist. Bist du doch, oder?»

«Ich denke», sagte Theres, «vielleicht. Eigentlich schon.»

«Oh Mann!!!» Alberta stand auf. «Kannst du mal was anderes sagen als ‹vielleicht› und ‹eigentlich›?»

Theres zuckte zusammen.

Genau das will ich, dachte sie. Genau das!

«Ich muss jetzt nach Hause», sagte Alberta. «Ich hab Küchendienst. Danach fahr ich von uns aus noch mal zu den Stuten. Tschüss!»

Theres ging nicht zu den Ponys, sondern erst noch mal zum Parkplatz. Da schaute sie die Straße hinunter, ob Sebastians Moped kam. Sie hatten sich so lange nicht gesehen. Wie sollten sie sich begrüßen? Sie würde dabei lieber mit ihm allein sein. Aber er kam nicht und das Warten machte sie nervös. Barana merkte das schon wieder und fing unruhig an zu fiepen. Also holte sie doch lieber schon mal Hrimfaxi und Gletta von der Koppel. Das würde wieder komisch aussehen. Der lange Sebastian auf der kleinen Gletta! Aber schwer war er ja nicht. Sie putzte beide Pferde und schaute immer öfter auf die Uhr. Allmählich könnte er doch …

Stattdessen läutete ihr Handy. ‹Sebastian› verriet das Display. Er kommt nicht! Sie wusste es sofort. Was war schlimmer? Ihre Enttäuschung oder ihre Angst?

«He, tut mir leid», sagte er, «ich kann nicht, echt nicht.»

«Es war deine Idee! Ich brauche dich!»

«He, das musst du verstehen», kein Bedauern in seiner Stimme, er jubelte ihr seine Absage ins Handy. «Der TSV Höringen hat gestern Abend das Spiel gegen den SC Reichhafen verloren!!!»

Was ging sie das an?

«Verstehst du, was das bedeutet?»

Nein! Verstand sie überhaupt nicht.

«Die rutschen von Platz 2 auf Platz 3, und damit sind wir – wir! – auf Platz 2 und wir – wir! – steigen auf!!!»

Das war ein anderes, ein vollkommen anderes ‹wir› als das von gestern, das ‹wir reiten aus›. Von diesem Satz blieb jetzt nur ein Wort:

Aus!, dachte Theres.

«Aber ich brauche dich!», schrie sie. «Du kannst mich jetzt nicht alleine lassen, ich …»

«Wir müssen trainieren! He, das musst du doch verstehen!»

«Du interessierst dich überhaupt nicht für – für …»

«Doch! Für dich schon! Aber nicht für deine Ponys. Und du interessierst dich noch viel weniger für meinen Sport. Zähl mal nach, wie oft ich bei deinen Ponys war. Und wie oft warst du bei einem Spiel?»

«Du hast mir versprochen …»

«Ich weiß. Aber manchmal kommt eben was dazwischen.» Er sprach sehr schnell. Als müsste er sein schlechtes Gewissen überholen. «Und wie lange du immer brauchst für deinen Sport!»

Sport?, dachte Theres. Das ist kein Sport.

«Zähl das mal zusammen: putzen, kämmen, streicheln, diese Hufe auskratzen, satteln – ja, und dann erst mal gucken, wie das Pony heute so drauf ist, und dann entscheiden, was du machst. Das dauert ewig! Wow! Wenn ich meinen Basketball immer geputzt, gekämmt, gestreichelt, gefüttert hätte und immer getestet, wie er gerade drauf ist! He! Wir hätten uns nie getroffen!!!»

Sie verschwendeten eine halbe Minute Handyeinheiten, ohne etwas zu sagen. Dann kam von ihm ein leises: «He, es tut mir leid …» und Theres drückte auf die rote Taste.

Aus.

Nicht ‹eigentlich› und nicht ‹vielleicht›! Ganz aus! Und zwar weil eines Theres vollkommen klar war: Das Schlimmste an Sebastians Absage war nicht, dass sie sich nicht treffen würden, sondern dass sie sich allein nicht traute, Bogatyr zu reiten.

An Isa vorbei brachte sie Gletta zurück in den Paddock.

«Kommt er doch nicht?», fragte Isa.

«Basketball», sagte Theres. «Kann ich allein ausreiten?»

«Das tut mir leid», sagte Isa.

«Kann ich allein ausreiten?»

«Na klar. Deine Mutter hat's ja erlaubt. Aber stell das Handy an.»

ELFENRITT

13

Wie viele Mädchen dürfen allein mit einem hübschen windfarbenen Isländer ausreiten? Wie viele davon waren dabei jemals so abgrundtief schlechter Laune?

Ich kenne niemand wie mich, dachte Theres. Ich bin der einsamste Mensch auf dieser Welt.

Hatte sie noch eine Freundin außer Barana? Sie hatte kein Ziel. Vielleicht waren in ihrem Körper noch Reste des ursprünglichen Planes für diesen Ritt, in ihren Beinen, in ihren Händen, und die lenkten Hrimfaxi hinauf zur Hengstweide. Auf jeden Fall kam sie dort an, war einen Augenblick selber überrascht und dachte: Vielleicht kann ich Bogatyr wenigstens sehen.

Sie sah ihn nicht. Nur zwei von den fremden Stuten weideten auf der Hügelkuppe, die anderen und der Hengst mussten weiter hinten in der Senke sein. Theres saß ab, lockerte Hrimfaxis Sattelgurt und ging zu dem Weidezaun aus weiß gestrichenen Planken. Bald hörte sie ein Wiehern. Und dann kamen sie, die Stuten langsam, Bogatyr zuerst im Galopp, dann trabte er, den Kopf hoch erhoben wie ein Araber, die Nüstern im Wind, seinem Vater, von dem er die Farbe geerbt hatte. Er lief direkt auf Theres zu, blieb stehen, schaute jedoch nicht auf sie, sondern auf Hrimfaxi. Der kleinere, schmalere, ebenfalls Windfarbene trat zurück, aber nur ein paar Schritte, ohne Theres die Zügel aus der Hand zu reißen, er wich aus, schien aber vor Bogatyr keine Angst zu haben. Theres streckte dem Hengst eine Hand entgegen und er ließ sich die Nüstern streicheln.

«Du bist gar nicht so», sagte sie. «Du hast Stjarni angegriffen, weil du total durchgeknallt warst, weil da alles so neu war.»

Eine der fremden Fuchsstuten kam näher. Bogatyr legte die Ohren an und die Stute zog sich zurück.

«Na ja, kleiner Macho bist du schon», sagte Theres. «Aber das ist hier schließlich auch dein Job.»

Hrimfaxi wollte ein paar Grasbüschel rupfen und spannte den Zügel. Theres führte ihn zum Weidentor, nahm den Sattel ab und lehnte ihn gegen den Pfosten. Da lagen die Halfter der Stuten. Sie wählte eins aus, das rote, es war Svalas, das müsste Hrimfaxis schmalem Kopf passen. Sie zog ihm die Trense über die Ohren, legte ihm das Halfter an, hakte ein paar Führstricke zusammen und band ihn am Zaun fest.

«Du verträgst ein paar Grashalme mehr», sagte sie und nahm den Reithelm ab. Hrimfaxi bekam manchmal extra

Portionen. Ihre Wut war verschwunden. Ihre Enttäuschung auch. Sie hängte den Reithelm an den Pfosten und schüttelte ihre gar zu feinen, farblosen Haare. Sie fühlte sich sehr weit entfernt von dem Telefongespräch mit Sebastian. Nur ein paar Schritte entfernt stand Bogatyr. Gefolgt war er ihr nicht. Erwartete er, dass sie zu ihm zurückkam? Sie ging zu ihm, kletterte auf den Weidezaun und setzte sich auf die oberste Latte. Dabei klapperte Metall gegen das Holz und ein Lederriemen lag über ihren Knien. Die Trense. Warum hatte sie die mitgenommen? Von oben schaute sie auf Bogatyrs dunklen Rücken, schwarzer Kaffee, Bitterschokolade.

Da wäre sowieso nichts gegangen, dachte sie. Weder Glettas noch Hrimis Sattel hätte ihm gepasst.

Und sie schaute über seinen langen hohen Hals mit der Silbermähne.

Einmal hinter diesem Hals sitzen, dachte sie. Was muss das für ein Gefühl sein!

Sie schaute sich um. Barana war im Feld und und hatte schon ein ziemlich tiefes Loch gebuddelt. Konnte sie die Hündin da lassen, während sie … während sie was?

Mit seinen festen Lippen – und nur mit den Lippen – fasste Bogatyr ihre Finger.

Er will ein Leckerli, dachte sie. Kann das wahr sein? Der schöne, stolze, wilde Herr Bogatyr bettelt mich an.

Natürlich hatte sie Leckerlis. Und während sie eins aus ihrer Reithose kramte, grummelte er leise und unter seinem hellen Schopf leuchteten die Augen wie dunkles Licht. Langsam, ohne Hast, nahm er ihr das Apfelleckerli aus der Hand wie einer, dem noch nie jemand etwas weggenommen hatte.

«Was krieg ich dafür?», flüsterte Theres.

Sie rutschte vom Zaun in die Weide. Ohne dass ihr Kopf etwas dachte, verschnallten ihre Finger die Trense. Sie hielt ihm das Gebiss hin. Er nahm es so selbstverständlich wie das Leckerli.

Warum hat Sven mit ihm gekämpft? Das ist doch gar nicht nötig. Männer!, dachte sie, dachte das Wort genauso, wie ihre Mutter es immer aussprach. Männer! Die müssen immer so rumtun! Imponiergehabe.

Barana buddelt wie ein Maulwurf, dachte sie. Ich ruf sie ja gleich zurück. Ich will ja nur kurz … nur einmal auf diesem Rücken sitzen.

Als sie Bogatyr das Kopfstück über die Ohren streifte, passte die Trense genau. Sie führte ihn zum Weidezaun, kletterte halb hinauf, und bevor sie Zeit hatte, irgendein ‹vielleicht› oder ‹eigentlich› zu denken, saß sie auf dem warmen Mokkarücken. Und hinter dem Milchschaumhals.

Was für ein Gefühl!

So etwas träumt man nur in wolkenlosen Sternennächten, die sich mild zwischen lichtblaue Sommertage schieben. Sie saß bequem auf dem breiten Rücken, sie fühlte sich wohl hinter dem hohen Hals, da war kein Platz für Angst.

Ein kleiner Schenkeldruck. Er ging Schritt. Schnell fand sie sich in die Bewegung und nahm die Zügel auf. Sie trabte an, parierte aber bald wieder durch zum Schritt. Bogatyrs Trab war sehr schwer zu sitzen. So ließ sie ihn tölten. Und nun stimmte alles. Während sie über die Weide sprudelte, spürte sie Bogatyr bis in die Spitzen seiner fliegenden Hufe und sich selbst bis in die Spitzen ihrer flatternden Haare. Hatte sie sich jemals in ihrem eigenen Körper so gut gefühlt?

Sie umrundeten die Stuten, schwebten beide mit fliegenden windfarbenen Mähnen am Zaun entlang, an dem unbeirrt grasenden Hrimfaxi vorbei noch einmal quer über die Weide, wurden am gegenüberliegenden Zaun von zwei weißen Arabern ein paar Meter begleitet und Theres fühlte sich beobachtet.

Zuerst dachte sie nur: Gut so! Man soll uns sehen! Und je mehr uns sehen, desto besser!

Dann erst fragte sie sich: Wer ist da? Da ist doch jemand! Wer?

Sie parierte Bogatyr durch zum Schritt. Wie leicht das ging! Wie brav er den vorsichtigsten Gewicht- und Zügelhilfen folgte!

Dieses Pferd!, dachte sie. Ich reite dieses Pferd!

Sie fühlte sich wie ein völlig anderer Mensch. Sie war nicht mehr die blasse, dünne, ewig zwischen ‹vielleicht› und ‹eigentlich› schwankende Kompassnadel. Sie war: eine, die Bogatyr reiten konnte! Ohne Sattel! Allein auf der Weide! Nicht ganz allein. Sie war eine, der jemand nachschaute, schaute und starrte mit offenem Mund und bewunderndem Blick.

Pardal saß auf einem seiner Araber, ebenfalls ohne Sattel, ohne Zaumzeug sogar. Aber er ritt ja nicht. Er saß nur da, er war hier Zuschauer. Im Mittelpunkt war sie, und sie fühlte, wie dieses Pferd sie zum Leuchten brachte. So ritt sie auf Pardal zu, ganz langsam zuerst im Schritt, dann nahm sie die Zügel noch einmal auf und ließ Bogatyr tölten. Er wurde kaum schneller, nur höher und weiter warf er die Beine und in sanften Wellen floss seine Mähne und bewegte sich ihr Haar. Nicht zu dicht bei Pardal ließ sie ihn stehen. Sie hielt

Abstand von den Schimmeln. Die waren zwar jenseits den Zauns und so kannten sich die Pferde, aber Theres spürte eine Spannung in Bogatyrs Rücken, sein Schnauben klang härter jetzt, er bettelte hier nicht um Apfelleckerlis. Bevor Theres Pardal auch nur zunicken konnte, sagte er: «Du siehst aus wie eine Elfenkönigin.»

Na also! Das war doch was! Etwas vollkommen anderes, als wenn ein Junge zu einem Mädchen sagte: «Du siehst aus wie eine Basketballspielerin.» Jungen, die reiten! Nur die sagten so etwas. Die anderen sahen das gar nicht.

Ich will einen Jungen, der reitet, dachte Theres. Wenn nicht David oder Felix, dann eben den! Ist nicht für lange, die Romeros sind nächstes Jahr wieder auf Tour, aber solange er hier ist, soll er mir sagen …

«… Märchenfee», flüsterte Pardal, «… Zauberprinzessin …»

Mehr!, dachte Theres. Weiter so und immer mehr davon!

Und sie sagte: «Hi.»

«So eine Szene muss in die Pferdeshow», sagte er.

Der hat's kapiert, dachte sie.

«Catalin platzt vor Wut. Peng! Und niemand schaut sie mehr an!»

«Ich reite Bogatyr nicht in der Show», sagte Theres. «Er ist mein Pferd, aber Felix soll ihn reiten.»

«Ich weiß», nickte er. «Aber das kann's doch nicht sein. Das müssen wir ändern! Haben die alle überhaupt keine Ahnung, wie schön ihr seid, ihr zwei? Alle Mädchen und Pferde im *Magischen Huf*, alle zusammen, waren nicht halb so schön wie ihr. Zeigt es mir noch mal.»

Und Theres ließ Bogatyr noch einmal über die Weide tölten. Sie fühlte sich nun noch elfenhafter dabei, denn ihr

Märchenritt hatte genau das bekommen, was sie gewünscht hatte: den Prinzen.

Aber Märchen, richtige Märchen, gehen nicht so schnell zu Ende.

Theres sah einen Radfahrer den Hügel heraufkommen. Alberta! Die hatte den Kopf über den Lenker gebeugt, schaute nicht her und trat kräftig in die Pedale. Bevor sie aufblickte, war Theres von Bogatyr gesprungen, mit einem raschen Griff hatte sie ihm die Trense über die Ohren gezogen und die Zügel vom Hals genommen. So schnell kann das gehen. So plötzlich kann ein Märchen zu Ende sein.

Alberta hatte die Höhe erreicht. Ein roter Blitz schoss schwanzwedelnd auf sie zu.

Barana, dachte Theres, ich habe Barana vergessen. Nix passiert, sie ist ja da.

Alberta hob den Kopf, das Rad rollte über den Grasweg in das Blickfeld von Pardal. Im Winkel ihres linken Auges sah Theres, wie er von seinem Schimmel glitt. Nein! Er ließ sich nicht einfach hinuntergleiten, er sprang gezielt in eine Richtung: auf Alberta zu. Die aber hatte ihn noch nicht bemerkt. Sie hielt am Zaun.

«Was machst du denn hier?», fragte sie.

«Das frage ich dich!», gab Theres zurück. «Ich bin ausgeritten. Ich darf doch wohl unser Pferd streicheln!»

Niemand hatte das bezweifelt. Alberta schaute sich um.

«Wo ist Sebastian?»

«Basketballtraining.»

«Ah. Schade. Na dann … Was machst du mit der Trense?»

Die Trense verriet sie.

«Trense? Ähhh, hab ich mitgenommen, versehentlich.»

Aber die Trense konnte sie wirklich verraten. Frische kleine weiße Schaumflocken klebten am Gebiss, und Theres dachte: Er hat gekaut. Schaumflocken gekaut. Ich habe ihn richtig gut geritten.

Aber freuen konnte sie sich darüber nicht mehr. Sie wollte die Trense verbergen, doch Alberta bemerkte die Schaumflocken gar nicht, sondern Pardal. Welche Veränderung in ihrem Gesicht! Sie sah jetzt aus wie – wie heute Morgen, als sie in der Pferdezeitschrift blätterte.

Ich muss gucken, was da drinsteht, dachte Theres.

Auf der anderen Seite der Weide kletterte Pardal auf den Zaun.

So war das also! Genau das war der Unterschied zwischen ihr und Alberta. Zu ihr sagte er ‹Elfenkönigin›. Für Alberta sprang er von seinem weißen arabischen Pferd. Mit einem letzten Streicheln über den Kopf nahm Theres Abschied von ihrem Märchenpferd.

Elfenkitsch, dachte sie, ich will das nicht mehr.

Wie berühren sich Elfen? Wie der Wind das Wasser bei Flaute am See? Wie ein Schmetterling die Sommerblumen? Wie fallen sie sich in die Arme? Wie Mondlicht, das auf eine Lichtung fällt? Wie berühren sich Elfen? Körperlos?

Sie wollte das alles nicht mehr.

«Und was machst du eigentlich hier?», fuhr sie Alberta an.

Die aber schien die Aggression gar nicht zu bemerken. Sie lehnte das Rad an den Zaun.

«Ich guck jeden Tag nach den Stuten», erklärte sie, «und kontrolliere die Hufe.»

Doch in diesem Augenblick schaute sie gar nicht nach den Stuten, sondern hinüber zum anderen Weidezaun.

Ganz schön raffiniert, dachte Theres. So können die sich hier unauffällig verabreden.

Sie stieg über den Zaun, ging zu Hrimfaxi, legte ihm den Sattel auf, versorgte die Führstricke und zäumte ihr Pony. Die Trense war für Hrimfaxi nun viel zu weit geschnallt. Sobald sie außer Sicht war, würde sie das korrigieren.

«Warte», sagte Alberta, «ich halt dir den Sattel.»

Theres erschrak. Nun musste Alberta auffallen, dass die Trense nicht passte.

Will sie mir helfen oder kann sie mich nicht schnell genug loswerden?, dachte Theres.

Wie automatisch hielt Alberta den Steigbügelriemen, gurtete nach, und ebenso mechanisch griff sie nach der Reitkappe am Pfosten und reichte sie Theres.

«Danke», flüsterte die.

Mit zitternden Händen nahm sie den Helm entgegen. Erst jetzt wurde ihr bewusst, dass sie ohne geritten war. Natürlich! Mit Reitkappe funktionierte die Elfennummer nicht. Und als sie den Helm auf den Kopf setzte, fiel die gesamte Angst, die sie vorhin nicht gehabt hatte, über sie her. Verstört ritt sie zurück. Sobald sie im Wald war, saß sie noch einmal ab und korrigierte die Trense. Auf dem Rappenhof versorgte sie Hrimfaxi wie immer. Dann ging sie ins Reiterstüble, blätterte in der Pferdezeitschrift bis zu der Seite mit dem Vierspänner und las von dem verunglückten Kutschpferd. Also Alberta interessierte sich für ein totes Pferd. Für ein unerwartet mitten in einer Fahrprüfung gestorbenes Pferd. Myopathie. Merkwürdige Krankheit. Den Fahrer und den Besitzer des Pferdes traf keine Schuld. Theres verstand.

Aber warum, dachte sie, haben die Romeros den Andalusier so schnell verschwinden lassen? Er wurde eben nicht untersucht wie dieses Fahrpferd. Myopathie – Theres schrieb das Wort auf einen Zettel.

Jetzt krieg ich raus, was da wirklich passiert ist, dachte sie. Und dann werde ich, dann kann ich, ich muss Alberta schließlich warnen. Ja! Sie darf sich nicht in einen Jungen verlieben, der sein Pferd umgebracht hat. Ich krieg das raus. Es gibt doch Internet!

«Barana!», rief sie und fuhr nach Hause.

Alberta kletterte über den Zaun. Pardal kam von der anderen Seite. Sie trafen sich mitten auf der Wiese, und Alberta ging so, dass eine der Stuten zwischen ihnen war, Hamingja. Vier Hände berührten die gescheckte Stute, vier Hände konnten etwas anfassen, Haut und Haar, konnten streicheln und begegneten sich nicht. Wortlos gingen sie von Stute zu Stute und schließlich auch zu dem Hengst. Sie prüften die Rücken, die Beine – gab es irgendwelche Verletzungen? Nein. Sie kontrollierten die Ohren. Waren Kriebelmücken darin? Nein. Noch immer wurden die Ponys von den lästigen Insekten hier oben wenig geplagt. Und als Alberta den fünfzehnten der unbeschlagenen Hufe ausgekratzt hatte, sagte Pardal: «Soll ich auch mal? Tut dir der Rücken nicht weh?»

«Ach was», sagte sie, «ich mache das fast jeden Tag.»

«Und ich bringe meine Araber hierher zurück. Wir könnten uns treffen. Fast jeden Tag.»

Alberta beugte sich über den siebzehnten Huf.

«Nun? Willst du?», drängte er.

Sie erhob sich und sah ihm direkt in die Augen.

«Fast jeden Tag», sagte sie, «oder…»

«Oder?»

«Jeden Tag.»

Er lachte. Seine Zähne wirkten in dem dunklen Gesicht sehr weiß.

«Außerdem könntest du mich mitnehmen», schlug er vor.

«Mit dem Rad. Du willst doch zu uns?»

«Später», sagte sie.

«Später ist gut», stimmte er zu. «Wir müssen da so bald nicht ankommen. Ich hab Zeit.»

Was hatte er vor? Worauf ließ sie sich da ein? Zögernd ging sie zurück zu ihrem Rad. Und es ist durchaus möglich, dass sie sechzig Hufe ausgekratzt hatte, obwohl dreizehn Pferde nur 52 haben. Sie stieg auf ihr Rad und er setzte sich auf den Gepäckträger. Er hätte sich am Sattel halten können oder gar nicht, schließlich war er Zirkusartist. Aber er fasste ihre Hüften.

Wie soll ich so fahren?, dachte sie. Wie soll ich den Hügel runterkommen? So fährt man nur hinauf. In den Himmel, den Himmel auf Erden, den Himmel auf Pferden, in den Himmel zu zweit auf einem Rad …

Natürlich hatten sie zu viel Schwung, und im Wald, als es ziemlich steil bergab ging, wurden sie aus der ersten Kurve geworfen. Kein schlimmer Sturz. Sie fielen auf Tannennadeln am Wegrand. Links die Böschung hinunter waren Gras und Moos und Tannennadeln. Dahin schaute Pardal.

Nun?, fragten seine Augen.

Und Alberta war sogar schneller als er. Sie ließ sich den Hügel hinunterrollen. Er folgte. Und holte sie ein.

Von unten herauf, aber korrekt auf dem Weg und verdeckt hinter Bäumen kamen Jana und David. Es war der erste Ausritt für Merry-go-round, und David war völlig auf seine junge Stute konzentriert. Jana saß wie gewohnt auf DJ's Rockin' Chair. Merry sah als Erste das Rad am Wegrand liegen. Sie schnaubte, blieb stehen, schob den Körper ein wenig zurück, bereit zur Flucht.

«Goooood girl», sagte David leise, «goooood …»

«Da liegt ein Rad», sagte Jana.

«Sehe ich. Goooood. Hooooo …»

«Das ist Albertas», erkannte Jana.

«Hoooo … Bist du sicher?»

Davids weiche dunkle Stimme beruhigte die junge Stute.

«Alberta schmeißt ihr Rad nicht irgendwo hin», meinte Jana. «Sie muss gestürzt sein.»

Und dann sahen sie die beiden am Hang und David sagte leise: «Komm, wir reiten zurück. Du musst Rocky wenden, Merry geht nicht voraus.»

«Das gibt eine Katastrophe», flüsterte Jana.

«Was? Wieso?»

«Mit Alberta. Wenn sie rauskriegt, in wen sie sich da verliebt hat. Wir müssen das stoppen! Das wird sonst nur schlimmer für sie.»

«Nonsense. Denen geht's gut.»

«Bis sie rauskriegt, was passiert ist. Du weißt es und du sagst es nicht mal mir.»

«Ich weiß gar nichts. Solange ich nicht weiß, warum sie das mit dem Pferd gemacht haben, weiß ich gar nichts.»

«Sollen wir zuschauen, wie sich Alberta in einen Jungen verliebt, der sein Pferd umgebracht hat? Hat er doch, oder?»

«No, nicht zuschauen. Wir gehen.»

Jana warf noch einen Blick hinunter.

«Sie ist so glücklich …», flüsterte sie. Dann wendete sie Rocky. Leise und unbemerkt ritten sie zurück.

Theres saß vor ihrem PC. Sehr fremde Wörter huschten über den Monitor und Artikel, von denen sie nicht viel verstand. Ihre Gedanken kehrten immer wieder zurück zu Bogatyr.

Ich habe dieses Pferd geritten, dachte sie. Jana hat noch nie einen Hengst geritten. Doch! Aber nur fünf Minuten und nur in der Halle.

Myopathie – was interessierte sie diese komische Krankheit? Sebastian war weg! Nie wieder Basketball! Und Pardal …

Myopathie? Gab es noch andere Gründe, aus denen ein Pferd so plötzlich sterben konnte?

Ihre zappelnden Finger ließen den Mauszeiger flitzen. Oh ja! Es gab schreckliche Gründe, aus denen ein Pferd sehr plötzlich sterben konnte. Ihr rechter Zeigefinger, über dem sie noch den sanften Zügel zu Bogatyrs Maul spürte, zuckte: Klick -

Es war der Link zu einem sehr schönen Wort.

So könnte man ein Pferd nennen, eine Stute.

Was sollte das schon Schlimmes sein?

Sie las. Sie verstand. Mehr als sie verstehen wollte. Ihre linke Hand fiel auf die Tastatur und drückte eine Kombination, die auch für ihren PC zu viel war. Der Mauszeiger erstarrte. Der PC war abgestürzt. Auch die hektisch bewegte Maus brachte den Curser nicht mehr weg von diesem sehr schönen Wort.

14 STREIT

Krisensitzung auf der 3D-Ranch!

Catalina telefonierte. Ihre Stimme schrillte ins Handy. Sie bestellte alle – ja! alle!!! – zu dieser Krisensitzung auf die Ranch. Sie habe in Natalies Geschichte einen Fehler gefunden.

Ja, Catalina hatte endlich den Fehler gefunden.

Auf dem Ulmenhof sagte Bettina: «Immer mal langsam. Wenn ich mich über jeden Dreck so aufregen würde wie die, dann sähe ich alt aus, aber alt werden würde ich auf diese Weise nicht.»

«Also gehen wir nicht hin?», fragte eines der Mädchen aus der Voltigiergruppe.

«Doch! Heute Nachmittag kommt ihr Vater mit diesem sagenhaften Berber. Den will ich sehen.»

Auf dem Rappenhof sagte Sven: «Ach, Catalina! Die soll mal runterkommen von ihrem Trapez. Die hängt doch jedes Problemchen gleich in die Zirkuskuppel. Sie war mal Trapezartistin, oder?»

«Ich geh hin», sagte Isa. «Ich will den Berber sehen. Der kommt heute.»

«Den Berber, ja», stimmte Sven zu, «dafür lohnt es sich.»

Die Friesenleute sagten Nein. Sie hatten keine Zeit. Nur Natalie musste natürlich dabei sein. Es ging um ihre Geschichte.

Am Abend trafen sie sich also auf Lizzy's 3D-Ranch. Neto Romero wurde mit dem Berber erst in einer Stunde erwartet. Alberta war schon da.

Gehört die überhaupt noch zum Rappenhof?, dachte Theres. Sie versammelten sich hinter dem Gutshaus zwischen den Stallungen und dem Reitplatz. Da saßen sie auf Bänken, Klappstühlen oder auf dem Boden, nur Catalina hatte sich auf die oberste Latte der Umzäunung des Reitplatzes gesetzt. Theres war mit Sven und Isa gekommen. Sie saß auf dem Boden. Immer suchte sie sich solche Plätze, dann hatte sie nicht so ein blödes Gefühl, weil ihr langer dünner Körper die anderen Mädchen überragte. Außerdem konnte sie so am besten Barana streicheln. Und Nieve. Die beiden Hundefreundinnen hatten sich sofort gefunden. Nieve hörte nicht auf, Baranas Lefzen zu lecken, und Theres sah, dass daran wieder Eierschalen klebten.

Kann es sein, dass Barana die Hühner nicht mehr jagt, damit die ihr weiter Eier legen?, fragte sie sich.

Sie schaute sich um. War Alberta bei Pardal? Nein. Sie saß irgendwo dazwischen. Pardal jedoch saß abseits, so weit wie möglich von seiner Schwester entfernt.

«Also», begann Catalina, «es gibt da ein Problem. Ich kann mich schließlich nicht teilen. Ich bin nur *ein* Mensch …»

«Worüber wir sehr froh sind!», schrie Pardal von der anderen Seite. «Niemand will dich doppelt!»

Sie ging nicht darauf ein.

«Das Problem ist, dass ich ja nicht nur die Prinzessin spielen muss», fuhr sie fort, «ich bin natürlich auch in der Elfenszene. Vor meinem Auftritt als Elfenkönigin habe ich jede Menge Zeit, mich umzuziehen. Die Voltimädchen spielen mit unseren Arabern, und ich kann vom Kostüm der Prinzessin in das der Elfenkönigin wechseln. Aber wie zurück? Ich muss ja sofort nach meiner Elfennummer wieder als Prinzessin in der Manege sein.»

«Ich habe immer gesagt, du bist überfordert!», rief Pardal.

«Wir schicken dann also als sterbendes Pferd diesen mickrigen Isländer in die Arena», fuhr Catalina unbeirrt fort. «Er bricht zusammen, ich meine, er legt sich hin. Wir machen Nebel Nebel Nebel, und sofort danach muss ich mit meinem Berber da sein. Ihr schafft im Nebel das hässliche Pony aus der Szene. Wenn Sire del Sol aufsteht, sitze ich drauf – und zwar im Kostüm der Prinzessin. Wann soll ich mich bitte umziehen?»

«Ganz einfach!» Pardal war aufgestanden. Er schrie jetzt nicht mehr. «Du kannst eben nicht alle Spitzenrollen an dich reißen. Vor allem dann nicht, wenn du gar nicht spitze bist. Du wirst eine Elfe spielen wie die Voltimädchen. Du kannst ein bisschen mehr auf den Pferden turnen, aber so viel besser als Alberta bist du nicht. Und die Elfenkönigin – ihr seid ja alle blind, dass ihr das nicht gemerkt habt –, die Elfenkönigin ist jemand anders.»

Theres krallte die rechte Hand so fest in Baranas Nackenfell, dass die Hündin kurz jaulte und sie dann mit ihren hellen Augen verwundert ansah.

«Pardal hat recht», sagte Sven. «Theres und Bogatyr …»

Aber jetzt schrie Isa: «Das ist Wahnsinn! Das lasse ich nicht zu!»

Und Theres dachte: Dann soll Sebastian kommen! Er soll mich sehen.

«Catalina kriegt das gleiche Kostüm wie die Voltimädchen», verkündete Pardal. «Das von der Elfenkönigin bekommt Theres.»

«Halt mal», meldete sich Natalie, «was macht ihr da mit meiner Story? Das muss auch passen.»

«Das passt!» Sven war von der Idee genauso begeistert wie Pardal. «Catalina geht raus und kann sich umziehen. Die Araber bleiben am Rand, sie sind nur noch Hintergrund für Theres und Bogatyr.»

«Aber wie sieht das aus?», wandte Natalie ein. «So ein kleiner Isländer vor den Arabern. Den guckt doch niemand an.»

«Du hast Bogatyr nie gesehen», meinte Sven.

«Und dann auch noch mit Sattel! Elfen mit Sattel!» Natalie blieb skeptisch. «Das ist unmöglich. Und Theres traut sich doch ohne Sattel nicht mal auf ein Schaf.»

«Theres!», rief Sven. «Würdest du Bogatyr reiten?»

Pardal, dachte Theres, verrat mich nicht, bitte! Aber ich glaube, er hat kapiert.

«Theres! Wo ist Theres?»

«Hier!» Sie stand nicht auf.

«Würdest du Bogatyr reiten?»

Und Theres sagte: «Ja.»

«Ohne Sattel?»

Und Theres sagte: «Ja.»

Niemand hatte inzwischen auf Catalina geschaut. Sie wirkte auf ihrem Hochsitz jetzt viel unscheinbarer. Hatte der Verlust des Kostüms der Elfenkönigin ihr so viel Glanz genommen? «Und wie stellt ihr euch das im Winter vor?», fragte sie. «Oder schon im Herbst? Dann kriegt Theres als Elfenkönigin einen Pelzmantel. Oder was? Damit sie zum Bärenpelz von so einem Isi passt.»

Stille. Es war so leise, dass man Pardals halblautes «Shit!» hörte. Nur Isa war zufrieden.

«Danke, Catalina», sagte sie.

«Ich hab's!», rief plötzlich Natalie. «Wenn Theres sich auf ein ungesatteltes Pferd traut, soll sie den Berber in der Schlussszene reiten. Sie hat die gleiche Figur wie Catalina. Das Kostüm der Prinzessin passt ihr. Und viel zu reiten ist da ja nicht.»

«Perfekt!», rief Pardal. «Ich reite die letzte Szene mit Theres und sie kriegt den ganzen Schlussapplaus von der Prinzessin!»

Ich reite mit Pardal, er ist mein Prinz, dachte Theres. Sebastian soll kommen. Er wird platzen vor Eifersucht.

«Das schafft sie nie!», schrie Catalina. «Tanger wirft sie nach dreißig Sekunden in den Sand. Außerdem legt er sich nur hin, wenn ich es befehle.»

«Den Befehl kannst du geben», sagte ihr Bruder. «Aber dann verschwindest du im Nebel zusammen mit dem – wie hast du es genannt? – mit dem ‹hässlichen Islandpony›.»

«Lasst uns mal Theres fragen», schlug Sven vor. «Würdest du den Berber reiten? Und ohne Sattel?»

«Ich – ich weiß nicht», stotterte Theres. «Ich hab den doch noch nie geritten.»

«Bogatyr auch nicht.»

«Nein … ähh … ja …»

«Ich bin nicht sicher, ob das die bessere Lösung ist», meinte Isa. «Wir kennen den Berber noch nicht.»

Sie sollten ihn bald kennenlernen. Neto Romero trat in ihren Kreis. Er rief seiner Tochter etwas Spanisches zu, und da wusste jeder: Er ist da!

Alle standen auf und folgten den Romeros. Hatte Catalina die Krisensitzung so geschickt auf diesen Termin gelegt, damit ihr Wunderpferd von einer angemessen großen Menge begrüßt wurde? Theres schaute sich um. Pardal blieb etwas zurück. Na klar, er hatte als Einziger kein Interesse daran, Teil eines Empfangskomitees für dieses Pferd zu sein. Sie selber jedoch war jetzt mehr als nur neugierig. Ging sie hier ein Pferd anschauen, das sie reiten würde? Reichte die Bogatyr-Mutprobe auch dafür aus?

Meine Mutter erlaubt es sowieso nicht, dachte sie.

Der Gedanke beruhigte sie. Neben ihr gingen Barana und Nieve. Ihre sonst so nervöse Hündin, die jede ihrer Stimmungsschwankungen sofort spürte und dann immer hektisch losrannte, um etwas zu suchen, worauf sie herumkauen konnte! Da lief sie völlig entspannt und gelassen mit ihrer neuen Freundin, während die anderen Hunde der Romeros mit den Hovawart-Mischlingen der Defoes über den Hof tollten.

Nichts geht über eine gute Freundin, dachte Theres.

Ihre Menschenfreundinnen hatte sie an die Jungen verloren, Barana zum Teil an Nieve, also musste ihre Freundin ein Pferd sein. Bjalla! Wenn sie ihre Bjalla noch hätte, bräuchte sie keinen großen Auftritt mit Bogatyr. Und erst recht keinen durchgeknallten Super-Berber. Auch keinen Sebastian? Hm ...

Neto Romero war, um ein einzelnes Pferd zu holen, nicht mit seinem Riesenlaster gefahren, sondern hatte sich einen Wagen und einen Pferdehänger von den Defoes ausgeliehen. Er ließ die Hängerklappe herunter, und sofort hörten sie ein schrilles Wiehern und das Trappeln von unbeschlagenen Hufen. Obwohl das Pferd überhaupt nicht stillstand, sondern tobte, dass der Hänger wackelte, betrat Catalina die Rampe, ging hinein, und neben Theres sagte Sven: «Entweder hat sie keine Ahnung von Pferden oder sie ist vollkommen über-geschnappt.»

Wahrscheinlich stimmte beides nicht, denn das Pferd beruhigte sich. Einen Augenblick war es still in dem Hänger. Dann sahen sie Catalina wieder. Sie hockte neben den Hinterbeinen des Berbers, löste ihm die Transportgamaschen und warf sie aus dem Hänger. Langsam, Schritt für Schritt trat ein goldrot glänzender Körper mit steifen gespannten Bewegungen die Hängerklappe hinunter. Kaum hatte er zwei Hufe auf dem Boden, da explodierte er. Er stieg, schlug und sprang um Catalina herum. Sie hielt ihn nicht am Führ-strick. Das konnte sie gar nicht, er trug nicht einmal mehr ein Halfter. Das dicke gepolsterte Transporthalfter hatte sie auf dieselbe Stelle geworfen wie die Gamaschen. Er tobte so wild, dass alle seine Zuschauer ein paar Meter zurück-wichen.

«Den kann Theres nicht reiten»,sagte Sven, «der spinnt. Das kommt eben dabei heraus, wenn man Pferde nur auf Schönheit züchtet.»

«Schau mal genau hin», meinte Isa. «Der ist nicht böse. Er freut sich nur, dass er wieder bei Catalina ist.»

Konnte das wahr sein? Waren diese rotgoldenen Sonnenstrahlen in Form eines Pferdes nichts als Freude? Freude, wieder bei Catalina zu sein? Wie auch immer, Catalina hatte nicht zu viel versprochen: Sire del Sol, den sie Tanger nannten, sah aus, als hätte ihn der liebe Gott persönlich an einem strahlenden Sommertag aus der Sonne ausgeschnitten.

Ich will ihn reiten, dachte Theres. Und wenn ich dabei sterbe. Dafür lohnt es sich zu sterben.

Und neben ihr sagte Sven: «Der ist mir zu schön. Man sollte Pferde nicht nur auf Schönheit züchten. Dabei geht immer irgendetwas schief.»

Ein paar Wochen später ging dann wirklich etwas schief. Der Tag, an dem es zur Katastrophe kam, hatte so gut angefangen. Ausgerechnet eine höchst liebevolle Freundschaftsgabe stand am Beginn jenes Nachmittags, an dem alles, was sie sich in wochenlanger Zusammenarbeit aufgebaut hatten, zu zerplatzen drohte. Natürlich hatte es immer wieder kleine Auseinandersetzungen gegeben. Pardal und Catalina stritten, das fanden inzwischen alle völlig normal, aber auch zwischen Catalina und ihrem Vater kam es einmal zum Streit. Niemand verstand, warum Neto so gereizt reagierte, als seine Tochter nach dem Trapez verlangte, um eine Solonummer unter der Zirkuskuppel vorzubereiten. Er sprach spanisch, als er ihr das zurückwies, aber das klang nicht wie ein vokalreicher südländischer Wortschwall. Er fuhr sie mit kalter Stimme an, kurz und hart. So rau konnte Spanisch klingen, so schroff und kantig und gar nicht nach Fiesta im Urlaubsland. Dabei wurden seine vollen, eher etwas dicken Lippen schmal wie eine Kabelschnur. Catalina reckte trotzig und widerspenstig den Kopf hoch, und Pardal zeigte nicht die geringste Freude über die Zurückweisung seiner Schwester-Feindin. Seine Arme irrten hilflos über die Stangen des halb aufgebauten Zirkuszeltes und seine ebenfalls etwas üppigen Lippen zitterten, als würde er gleich anfangen zu weinen.

«Wir brauchen keine Trapeznummer», versuchte Isa zu vermitteln. «Es geht uns doch gar nicht um eine perfekte Show. Es geht doch nur darum zu zeigen, was unsere Pferde alles können.»

Belastend war auch immer die Spannung zwischen Sven und Catalina. Sven lehnte als Einziger den goldroten Berber ab. Er hielt ihn für gefährlich und wiederholte hartnäckig: «So was kommt eben dabei heraus, wenn man Pferde nur auf Schönheit züchtet.»

Dieser Satz wurde in lauter möglichen und unmöglichen Varianten zitiert. Wenn es die kleine Nieve mal wieder nicht schaffte, Dennis durch einen Sprung in die Kniekehlen umzuwerfen, dann konnte es sein, dass Jana grinsend sagte: «Vielleicht sollte man Hunde etwas mehr auf Größe züchten.»

Niemand nahm in dieser Sache Sven als Pferdefachmann ernst. Und das war so ungewöhnlich wie die Tatsache, dass ausgerechnet er ein Pferd für gefährlich hielt.

«Er ist nur sauer», behauptete Catalina, «weil neben Tanger

niemand mehr einen zweiten Blick auf so einen Bogatyr oder Stjarni wirft. Nicht mal vom 21. bis zum 24. Juli, und nur in diesen Tagen kann man diese Ponys überhaupt angucken. In der übrigen Zeit des Jahres sind sie zugewachsen mit Strubbelhaar.»

Aber gleichgültig, wie sehr Catalina schimpfte und tobte, sie musste auf ihren Auftritt als Prinzessin in der Schlussszene verzichten. Nur Theres konnte die Rolle übernehmen, nur ihr passte das Kostüm, und wenn sie die Haare unter wehenden Tüchern verborgen hatte, sah sie Catalina von Weitem zum Verwechseln ähnlich. Und ihre Mutter? Frau Rohner schaute zu, wie Catalina mit Tanger spielte, und sagte: «Aber der ist doch lieb.»

Zähneknirschend musste Catalina Theres beibringen, den Berber zu reiten, erst auf dem Reitplatz und mit Sattel, dann, als das Zelt aufgebaut war, in der Manege und dort schließlich ohne Sattel. Theres empfand eine merkwürdige, mit immer weniger Angst gemischte Zuneigung zuerst zu dem Pferd, dann auch zu dem Mädchen. Und sie war zutiefst glücklich, wenn Catalina sie lobte.

So stritten und vertrugen sie sich, während sie auf den einzelnen Höfen meist unabhängig voneinander ihre Nummern probten. Das ging hin und her und einigermaßen gut bis zu jenem Treffen, nach dem keine Versöhnung mehr möglich schien und das damit begann, dass ein Hund mehr Freundschaftsliebe zeigte als sie alle zusammen.

Auf dem Plan stand die erste «Durchlaufprobe». So nannten das die Romeros. Es bedeutete: zum ersten Mal im Zelt alle Nummern durchspielen. Die Rappenhofleute hatten die Isländer schon am Vormittag zur 3D-Ranch gebracht, nur

Bogatyr wollte Sven erst zum Probenbeginn holen. Theres, Felix, Christina, Laura und Carolin kamen mit Isa im Auto. Barana war wie immer ins Heck des Wagens gesprungen. Und wie gewöhnlich hüpfte sie hinaus, hielt die Nase in die Luft und witterte: Wo war ihre Freundin Nieve? Aber anders als sonst bellte sie nicht. Dann preschte sie los. Theres sah gerade noch etwas Merkwürdiges in ihrem Maul.

«Was hat sie denn da an den Zähnen?», fragte sie und jagte ihr nach. Nicht weit. Obwohl Barana nicht gebellt hatte, musste Nieve gemerkt haben, dass sie kam, und die beiden Hündinnen trafen sich noch auf dem Parkplatz. So konnte Theres genau sehen, was geschah. Isa kam nach und bestätigte es. Sonst hätte es wohl kaum jemand geglaubt. Barana berührte mit der Nase den Boden, öffnete langsam das Maul und ließ ein völlig unbeschädigtes Hühnerei ihrer Freundin vor die Füße rollen.

«Das gibt's nicht», flüsterte Isa.

Theres kniete am Boden und empfand zugleich die größte Freude und den tiefsten Schmerz. Hatte sie Jana jemals ein solches Geschenk gemacht?

Im nächsten Leben, dachte sie, will ich ein Hund sein. Meinetwegen ein halb verhungerter Mischling auf der Straße, aber ein Hund! Hunde haben die besseren Ideen.

Nieve wusste mit dem fremden rollenden Gegenstand gar nichts anzufangen. Barana biss ihr das Ei auf, und dann schleckte und schmatzte die kleine Nieve. Das Ergebnis war, dass nun an ihren Lefzen lauter Eierschalen klebten und Barana einen Grund hatte, sie abzulecken. Für Theres, die ein bisschen Angst vor der ersten Probe mit allen Pferden hatte, war dieses Ereignis ein hoffnungsvolles Motto für den Tag.

Es geschah dann noch etwas, das sie ähnlich zuversichtlich stimmte. Die Probe lief erstaunlich gut. Alle waren bester Laune. Und da sagte Grohne-Wilte, sagte der Stallbesitzer vom Ulmenhof vor zahlreichen Zeugen: «Also wenn da Geld übrig bleibt – wir machen die Eintrittspreise ja nicht hoch, es geht uns um die Werbung –, aber wenn da trotzdem noch Geld hängen bleibt, dann wird unser Anteil einzig und allein dafür verwendet, den Ulmenhofpferden Paddocks an ihre Boxen zu bauen.»

«Wir verdoppeln die Eintrittspreise!!!», rief Alberta.

«Wenn das so gut klappt, wie das heute aussieht, können wir das riskieren», meinte Davids Vater.

Das war kurz vor dem Ende der Probe. Alberta, die anderen Volti-Mädchen und Catalina standen schon bei den Arabern, Theres trug einen Probenrock, damit sie sich daran gewöhnte, im Kleid der Prinzessin zu reiten. Isa befestigte die Seidentücher an ihrem Haar – keine Reitkappe –, da hatte Frau Rohner etwas gezögert, aber schließlich zugestimmt. So ein kurzer Ritt auf einem ungesattelten Pferd! Die Volti-Mädchen trugen ja auch keine Helme. Sie machten sich also fertig für den letzten Teil der Probe. Und danach waren Baranas Freundschaftsgabe und Grohne-Wiltes Paddock-Versprechen nicht mehr das richtige Motto für diesen Tag.

Theres stieg in die Friesenkutsche. Von dieser Szene an spielte sie die Prinzessin. Verborgen in ihrer Hand hielt sie ein Bananenleckerli. Und als aus dem Nirgendwo der Schrei kam: «Prinzessin! Dein Pferd! Sire del Sol! Er stirbt!!!», da sprang sie aus der Kutsche. Die Friesen trabten hinaus und Blesi schwankte in die Arena. Der kleine Isländer erwies sich als der perfekte Schauspieler. Alles hatte er in wenig Zeit und mit viel Bananenleckerlis gelernt: Sven stand abseits und gab ihm die Handzeichen. Blesi sah wirklich elend aus, denn er taumelte und stolperte über alle vier Hufe. Das geschorene Fell war glanzlos, und nicht einmal Alberta hatte ihn an diesem Tag geputzt. So torkelte er im Scheinwerferlicht und stürzte mitten in der Arena Theres vor die Füße. Die warf sich über ihn. Ihre Schreie und Schluchzer kamen über die Musikanlage. Das hatte Jana auf das Band geschrien, sie hatte dabei gelacht, aber davon merkte man nichts.

Genial, das hört sich wirklich nach Katastrophe an, dachte Theres, während sie die Arme um Blesis glanzlosen, aber weichpelzigen Hals schlang.

Die Nebelmaschine betätigte Neto Romero. Rasch wurden Theres und das Pony von wabernden Wolkenschwaden verhüllt. Nun musste sie Blesi das Bananenleckerli ins Maul schieben. Das war sein «Stichwort», aufzustehen und die Manege zu verlassen. Sven konnte ihm keine Anweisungen mehr geben, einmal weil man nicht mehr viel sah und außerdem, weil er nun sofort Pedro reiten musste. Denn es kamen nun alle vier Prinzen wieder in die Manege – Sven mit Pedro, David mit Zippo, Felix mit Bogatyr und Pardal mit Ziryab. Sie sollten viel Schau und viel Wirbel machen, um die Zuschauer vom Austausch der Pferde abzulenken. Direkt neben Theres erschien Catalina mit Tanger, der sich sofort auf den Boden legte. Blesi nahm sein Leckerli und stand auf. Theres wandte sich nach links und schlang die Arme um den Hals des anderen Fuchses. Aus dem Zuschauerraum hörte sie Bettinas Stimme: «Das ist perfekt mit dem Nebel und den vier Prinzen. Kein einziger Zuschauer wird merken, dass da ein kleines langes Pony und ein hässliches dünnes Mädchen verschwinden – ähhh – ich meine, ein kleines hässliches Pony und ein langes dünnes Mädchen.»

Theres musste grinsen. Dass ausgerechnet Bettina Catalina diesen Stich verpasste, weil die immer so über Blesi lästerte! Aber eigentlich hatte sie es gar nicht mehr so gern, wenn jemand auf Catalina herumhackte. Sie legte sich längs auf den Rücken des Berbers und lauschte auf die Musik. Nach dem Ende der lauten, dramatischen Vollakkorde und mit einem leisen, langsam anschwillenden Flötenton sollte Tanger sich erheben. Er kannte das schon. Theres musste sich nur gut festhalten. Schon stemmte er die Vorderbeine in den Sand, einen Augenblick saß er wie ein Hund und dann stand er. So erhoben sie sich über den Nebel, Theres und der goldene Berber, umringt von vier Prinzen und ihren Pferden. Mit einem von ihnen sollte sie nun in die Schlussszene tanzen.

Aber es gab keinen Tanz ins Glück. Der schrille, harte Schrei eines Hengstes verwandelte Natalies Märchen in eine böse, grausame alte Sage.

Die Muskeln von Tangers Hals, auf dem Theres' Hände liegen, fühlen sich an wie aus Metall. Sie sitzt nicht mehr auf einem geschmeidigen Rücken, sondern auf einem steifen Holzpferd. Das bewegt sich mit einem Ruck nach hinten, und ihr Kopf wird in die Mähne geworfen, in das feine, seidige Mähnenhaar des Südpferdes, das letzte angenehm Weiche an diesem Pferd. Ein entsetzlicher Schatten fliegt an ihrem Gesicht vorbei. Ein Huf? Kann der kleine runde Huf eines Isländers solch einen furchtbaren Schatten werfen? Nur weil er ist, wo er nicht hingehört? Dann taucht ein Gesicht vor ihr auf und sie schaut in graublaue, schreckgeweitete

Augen, halb verdeckt von einer dunkelblonden Haarsträhne. Sie rutscht über den glatten goldenen Rücken, weil Tanger hoch auf den Hinterbeinen steht. Aber ihre Arme liegen wie Klammern um seinen Hals, und im nächsten Moment ist er wieder auf dem Boden, er rennt rückwärts, sie wird wieder gegen seine Mähne gedrückt, neben ihr erscheint ein anderer Kopf, dunkel mit viel Weiß, zu viel Weiß. Da ist die Silbermähne, die sie alle so sehr bewundert haben. Das ist normal, die gehört dahin, die darf um den Hals flattern, um die kleinen dunklen Ohren sprudeln, auf den Nasenrücken fallen. Aber das Weiß in den Augen ist zu viel. Und die großen weißen Zähne in dem offenen Maul sind viel zu viel. Tanger weicht aus. Bogatyr folgt ihm. So drehen sich die beiden Hengste, drehen sich mitten in der Arena so dicht aneinandergedrückt, dass über Tangers rotgoldenes Fell eine silberne Mähne fällt, die ihm nicht gehört.

Diese Nummer ist nicht vorgesehen. Das ist der falsche Tanz mit dem falschen Prinzen. Theres' linkes Knie ist eingeklemmt zwischen zwei Pferden. Stürzen kann sie so nicht, aber auch nicht fliehen. Und sie will raus aus diesem Geisterbahnkarussell. Und sie fliegt raus. Aber nur ein Teil von ihr, nur ihr Blick, ihr Körper bleibt festgeklemmt auf Tangers Rücken. Nur ihre Augen sind ganz woanders. Sie erinnern sich. Sie kennt diese Szene: zwei kämpfende Hengste inmitten von zuschauenden Menschen. Nur hatten die da nicht so entsetzt gestarrt wie diese hier, sie hatten gelacht. In einem von Svens Büchern über Islandpferde ist das Bild. Hengstkampf. Alter isländischer Volkssport. Wenn man in anderen Ländern Hunde oder Hähne aufeinander hetzte, so in Island die Hengste. Vor langer Zeit. In Romeros

Zirkuszelt wiederholt sich eine Szene aus sehr alter Zeit. Nur die Musik passt nicht dazu. Bogatyr und Tanger kämpfen zu den Klängen einer romantischen Serenade. Niemand hat die Musikanlage abgestellt.

Tangers Vorderbeine knicken ein. Er liegt auf den Vorderknien. Theres' Knie kommt frei. Über ihre Hände senkt sich Bogatyrs offenes Maul. Sie lässt die Mähne los. Wie eine Zange aus Elfenbein wollen sich gelblich weiße Zähne über Tangers Widerrist schließen. Da schiebt sich eine große Hand über Bogatyrs Nase und drückt ihm die Nüstern zu.

Theres sitzt noch immer auf Tanger. Dessen Muskeln sind nicht mehr so hart, aber nicht, weil er sich entspannt, sondern weil er heftig zittert. Neben ihm taucht eine schmale Gestalt auf. Catalina legt ihre Hände auf seinen bebenden Hals, streichelt seine zuckenden Ohren, und allmählich beruhigt er sich.

Sven hat es mit Bogatyr schwerer. Mit einer Kopfbewegung befiehlt er Felix abzusteigen. Er presst immer noch Bogatyrs Nüstern zusammen. Der Verzweiflungsgriff! Kein Pferdefreund wird ihn außer im schlimmsten Notfall anwenden. Pferde können nicht durch das Maul atmen. Wenn man ihnen die Nüstern zuhält, bekommen sie keine Luft. Svens große Hand gibt etwas nach, aber die andere hält wie eine Schraubzwinge beide Zügel kurz unter dem Kinn und knickt das Trensengebiss. So kann Bogatyr wieder atmen. Aber seine 350 Kilo sind mit diesen beiden Griffen hilflos in Svens Händen.

Fast sanft berührt Catalina Theres' Hand.

«Geh runter», flüstert sie.

Und endlich lässt Theres sich von dem Berber gleiten. Die

Musik klingt aus. Ihr Tanz mit dem Prinzen wäre nun zu Ende gewesen. Die folgende Musik ist wieder laut und fröhlich mit viel Schlagzeug und Trompeten: das große Finale. «Stell doch endlich einer diese Musik ab!», schreit Bettina. «Das hält ja niemand aus!»

Irgendwer tut es. Die folgende Stille ist nicht leichter zu ertragen, und es wird nicht besser, als Catalina mit leiser, geradezu drohender Stimme sagt: «Das kommt dabei heraus, wenn man Pferde nur auf Schönheit züchtet.»

Sven dreht sich um und führt Bogatyr hinaus.

«Tanger war lieb!», schreit Catalina ihm nach. «Dein Pony hat angegriffen, nur das!»

«Mit dem züchten wir nicht weiter», sagt Isa. «Und die Hengstfohlen, die seine Stuten im nächsten Jahr bringen, werden alle kastriert.»

«Ist ja nichts passiert», sagt Grohne-Wilte. «Gar nichts passiert. Er muss raus aus der Szene, dann gibt es keine Probleme.»

«Es tut mir leid», sagt Isa. «Ich möchte um Entschuldigung bitten. Für die Isländer. Die Menschen, meine ich. Auf diese Idee sind nicht die Pferde gekommen.»

Sie fängt an, immer schneller zu sprechen. Theres versteht. Sie will das gesagt haben, bevor Sven zurückkommt. Er würde das nicht wollen.

«Natürlich kämpfen Hengste», fährt Isa fort, «aber so sinnlos angreifen, das tun sie normal nicht. Das ist ein Zuchtfehler. Hengstkämpfe waren in Island sehr beliebt. Die Leute guckten zu, wie sich die Hengste gegenseitig umbrachten. Oder fast. Die wollten also aggressive Pferde. Ist seit Jahrhunderten verboten, wurde aber trotzdem immer wieder gemacht. Jetzt nicht mehr, schon lange nicht. Kann aber sein, dass davon genetisch in einigen Pferden noch was übrig geblieben ist. Aber auf diese bekloppte Idee gekommen sind die Menschen, nicht die Pferde.»

Sven ist wieder da. Hat er den letzten Satz gehört? Er sieht überhaupt nicht so aus, als wolle er jemanden um Verzeihung bitten. Und seine Stimme klingt auch nicht so, als er sagt: «Hier muss niemand das Maul aufreißen, wenn es darum geht, was Menschen Pferden alles antun.»

Theres bekommt einen tiefen Schrecken.

Nicht!!!, schreit etwas in ihr. Tu das nicht! Sven! Bitte! Wenn du das erzählst, ist alles aus!

Aber sie bleibt so stumm wie Isa, die ebenfalls entsetzt auf ihren Sven starrt. Der ist nicht aufzuhalten.

«Ihr glaubt, wir wissen nicht, woran euer Andalusier gestorben ist. Das habt ihr geschickt vertuscht. Aber nicht vor uns.»

Theres schaut auf Alberta. Sie sitzt im Zuschauerraum, zu weit weg, als dass sie ihre Augen sehen könnte. Sven grinst.

«Das Zauberwort», sagt er, «heißt Anabolika.»

Aus. Das kann nur das Ende sein. Das schöne Wort. Niemals hätte einer es aussprechen dürfen. Nun können sie nicht mehr zusammenarbeiten.

Vor Theres' Augen erscheint der Bildschirm ihres PCs. *Anabolika — fördert den Aufbau der Muskelmasse — alle Muskeln werden größer — auch das Herz — die Adern werden nicht größer — wenn das Herz für die Adern zu groß geworden ist — wenn nicht genügend Blut zum Herzen zurückläuft — kann es zum Herzinfarkt kommen —*

Anabolika —

Kein Name für ein Pferd.

15 HEIMKEHR

«Warum?»

Pardal lag auf dem Bauch, die Arme gekreuzt, die Stirn auf den Handgelenken. Es sah aus, als ob er immer tiefer in dem großen Heuballen versinken wollte. Das war natürlich eine Täuschung, nur sein Kopf glitt langsam, wie sich ein Minutenzeiger bewegt, von den Handgelenken zwischen seine Arme in das Heu.

Da kriegt er keine Luft mehr, dachte Alberta. Geschieht ihm recht! Morisco atmet auch nicht mehr.

Und laut fragte sie: «Warum?»

Sie waren in der Scheune. Alberta saß im Schneidersitz auf einem großen Heuballen neben Pardal. Das Scheunentor war geschlossen. Draußen war ein strahlender Sommertag, hier drinnen war es fast dunkel. Aber auch all die anderen, die auf Rappen- oder Ulmenhof im hellen Sonnenlicht ihre Pferde putzten, sattelten, ritten, hatten keine Freude daran. *Der Himmel auf Pferden* war in den Abgrund gestürzt und weiter hinab bis in die Hölle. Anabolika. Was für ein Teufelszeug! Und fast alle hatten es gewusst! Hatten so getan, als ob man mit Leuten, die so etwas einem Pferd geben, zusammenarbeiten könnte, eine Show, ein Spiel machen könnte. Sie hatten den *Himmel auf Pferden* über eine Lüge gebaut.

Ich will diese Lüge wiederhaben, dachte Alberta. Ich will wieder glauben, dass Morisco an irgendeinem idiotischen Muskelverfall gestorben ist wie der Wallach in dem Vierspänner.

Aber Anabolika – niemals hätte Sven es aussprechen dürfen.

Bevor Alberta noch einmal und noch lauter fragen konnte: «Warum???!?!?», rollte Pardal sich auf den Rücken, hustete und sagte etwas Unverständliches.

«Was?!?», schrie sie ihn an.

Er räusperte sich, und endlich verstand sie so etwas wie «ermano».

«Was heißt das?», fuhr sie ihn an. «Spanisch, was? Red deutsch mit mir, sonst spreche ich russisch.» Und dann sagte sie etwas Russisches. Es klang hart und scharf.

«Ich will lieber nicht wissen, was das heißt», murmelte er.

«Oh, ich übersetz es dir gern! Das heißt: ‹Du hast dein Pferd umgebracht!› So – jetzt deine Übersetzung von dem spanischen Wort. Oder ist das gar nicht spanisch? Ist es der Name von noch so einem Mittel, so einem Gift? Was hast du alles in deinen armen Andalusier gespritzt?»

«Hermano», sagte er, «das heißt ‹Bruder›. Ich habe ihn Hermano genannt, wenn wir allein waren. Er war mein Bruder.»

«Na toll!», zischte Alberta und sagte noch einmal etwas Russisches und dann: «Das bedeutet: ‹Du hast deinen Bruder umgebracht.› Ist das besser?»

Dann starrten sie eine Weile ins Dunkel. Keiner von beiden beachtete die tanzenden Staubkörner in den Sonnenlichtstreifen, die durch die offenen Luken fielen. Schließlich fragte Alberta leise: «Du hast es nicht gewusst, nicht wahr? Du hast nicht gewusst, was dieses Zeug mit Moriscos Herz machen konnte?»

«Doch.»

Pardal setzte sich auf. Er zog die Knie bis ans Kinn.

«Natürlich hab ich es gewusst. Das wäre ja sonst noch schlimmer. Ich hab alles über das Zeug gelesen. Und ich war sicher, dass ich richtig dosiert hatte.»

«Man kann das gar nicht so genau dosieren. Sagt Felix. Es gibt immer ein Risiko.»

«Restrisiko, ja.»

«Und das bist du eingegangen?»

«Ja.»

«Ich bin gespannt, was für eine Entschuldigung dir dazu einfällt. Aber ich sag schon mal vorweg: Dafür gibt es keine Entschuldigung!»

«Du bist grausam», sagte er.

«Was!?», fuhr sie ihn an. «Du bringst dein Pferd um und ich bin grausam?»

Pardal streckte die Beine aus und lehnte sich an einen höher gestapelten Heuballen.

«Willst du mir nun zuhören?», fragte er.

«Ich will dir zuhören», flüsterte sie. «Und ich will dir alles glauben, alles.»

«Mariposa», begann er, «Schmetterling. Catalina Mariposa, sie war der Schmetterling. Wenn sie die Arme ausstreckte, schräg nach vorn, dann waren ihre Schmetterlingsflügel perfekt. Sie lag ganz gerade in der Luft, mal Tagpfauenauge, mal Schwalbenschwanz. Und erst im allerletzten Moment, bevor sie unseren Onkel erreichte – der musste sie fangen –, erst da hat sie die Arme nach vorn geworfen. Nie zu früh!

Ist eigentlich alles Unsinn. Die Zuschauer haben sie von unten gesehen, wie sie von Trapez zu Trapez flog, und von unten ist ein Schmetterling gar nicht bunt. Unsere Mutter war eine Schwalbe, ihre Brüder Adler und Geier. Vögel waren noch schwieriger als Schmetterling, weil man die Arme mehr zur Seite spreizen musste. Dazu braucht man noch bessere Nerven, weil wenn man die Arme zu früh nach vorne nimmt, ist das Vogelbild weg. Dann sind die Flügel nur noch Flatterlappen.

Für mich gab's keinen Vogel und keinen Schmetterling, nicht mal eine Motte, überhaupt nichts, was fliegt. Ich hatte die Nerven nicht. Meine Arme gingen immer von selbst nach vorn. Zum nächsten Halt. Darum wurde ich Pardal, der Leopard. Der machte mit ausgestreckten Vorderpfoten ein paar kleine Sprünge durch die Luft. Mehr war nicht drin. Ich wollte auch viel lieber mit Pa an der Tierdressur arbeiten. Keine Leoparden natürlich oder Löwen oder Tiger. Nur Pferde und Hunde, die sind lieb und ungefährlich. Die Tiernummern von Pa waren aber nichts so Tolles. Gelebt haben wir von Mas Familie und dem Trapez. Pas kleinen

Wanderzirkus hatten wir aufgegeben. Davon haben wir nur noch das Zelt da draußen. Was Pa am besten konnte, war Pferde kaufen. Da hatte er Glück. Der Berber hat uns gerettet, weil er als Zuchthengst ziemlich viel Geld bringt. Und Hermano – Morisco, du weißt schon – war ein super Schaupferd. Wir hatten nur nicht den richtigen Reiter dazu. Am besten ging er bei mir. Ich wollte nach Spanien, eine wirklich gute Ausbildung machen. Das hätten wir uns leisten können, wenn wir die Trapeznummer behalten hätten.»

Er schwieg. Auch Alberta sagte nichts. Sie schaute nach oben in das dunkle Gebälk der Scheune und dachte: Wie hoch war wohl das Zirkuszelt für Catalina Mariposa Schmetterling?

«Ich weiß nicht, wer schuld ist», fuhr Pardal fort. «Catalin, weil sie abgestürzt ist. Oder ich, weil ich geschrien habe. Sie hat zu viel riskiert, hat die Arme zu spät nach vorn genommen, und unser Onkel konnte sie nicht mehr greifen. Und ich hab geschrien. Das darf man nicht, wenn ein Artist abstürzt, das bringt die anderen total durcheinander. Unsere Mutter ist gestürzt, weil sie Catalin fallen sah – oder weil ich geschrien habe. Ich will aber nicht schuld sein. Ich will, dass Catalin schuld ist. Die hasse ich sowieso.»

«Aber – aber», stammelte Alberta, «Catalina ist doch nichts passiert.»

«Natürlich nicht! Der passiert nie was. Wir haben immer mit Netz gearbeitet.»

«Und deine Mutter?»

«Hat die Drehung nicht geschafft. Auch ein Sturz ins Netz ist ziemlich gefährlich. Sie hat nicht an sich gedacht. Nur auf Catalin geschaut. Also *ist* die doch schuld!»

«Was ist mit ihr? Ich meine mit deiner Mutter?»

«Die hat nicht so viel Spaß mit ihrem Rollstuhl wie Christina. Und wir können das Pflegeheim nicht bezahlen. Soll wohl nicht sein, dass Artisten, die verunglücken, überleben.»

Hart und kalt sagte er das. Nur der letzte Teil des Satzes: «… Artisten, die verunglücken …» klang, als würde seine raue Stimme langsam ins Wasser getaucht, und das Wort «überleben» ging unter. Alberta konnte sein Gesicht nicht sehen, aber an seiner Stimme deutlich hören, wie er jetzt aussehen musste. Schließlich hatte sie ihn schon einmal in einer verzweifelten Situation erlebt, damals als Morisco, sein Pferd, als Hermano, sein Bruder, starb.

«Sie ist in Spanien», erzählte er weiter, «weil da alles billiger ist. In Deutschland können wir Pfleger überhaupt nicht bezahlen. Nicht mal wenn sie Spanier sind oder Polen. Mittelmäßige Artisten wie wir sind meist schlecht versichert. Ich sehe meine Mutter selten und nicht gern.»

Alberta, die etwas Nettes sagen wollte, stotterte hilflos: «Ih-ih-ihr seid ziemlich gute Artisten.»

«Catalin ist gut», bestätigte er. «Die Trapeznummer der Garcías war gut. Die gibt es nicht mehr. Ohne Ma und Catalin waren die drei Brüder von unserer Mutter nicht mehr viel wert in der Zirkuswelt. Darum haben die jetzt auch kein Geld mehr. Sie sind Manegearbeiter, Kulissenschieber, einer jongliert. Pa hat Catalin verboten, wieder aufs Trapez zu gehen. Er hat Angst. Die Garcías haben keine Angst. Die Romeros schon. Catalin ist eine García. Ich bin ein Romero.

Aber seit Catalin in der Pferdenummer von Pa ist, haben wir da eine Chance. Sie ist Artistin. Sie ist auf dem Pferd so gut wie am Trapez. Nur war die Nummer mit ihr und den Arabern noch lange nicht perfekt, als die Leute suchten, ich meine, die vom *Magischen Huf*. Und sie brauchten Catalin auch gar nicht. Sie brauchten einen Levadeur, also Hermano. Und mich. Das Problem war nur: Nach dem Unfall bin ich krank geworden. Ich konnte nichts mehr essen. Das ging so ein halbes Jahr. Und so lange hat niemand Hermano geritten. Er war total aus dem Training. Keine Muskeln. Nur noch Speckhals. Absolut keine Hinterhand für seine Levade. Ja. – Ja. – Anabolika. Nichts macht so schnell Muskeln wie Anabolika. Ich wollte diesen Job. Ich wusste, dass ich das konnte. Es war das Einzige, was ich richtig gut konnte. Es war das erste Mal, dass ich gebraucht wurde. Nicht Catalin. Den Rest weißt du.»

Er hatte immer leiser gesprochen, nun wurde er laut, fast schrie er: «Alberta! Ich hab doch nicht damit gerechnet, dass so was passiert! Und ich hab das doch nicht gemacht, um irgendein scheiß Turnier zu gewinnen.»

Die nächsten Tage waren schwer für Alberta.

Immer ich, dachte sie. Warum immer ich? Warum muss ausgerechnet mir das passieren? Ich hab doch schon so einen Vater. Es ist so schwer, den zu lieben. Warum muss ausgerechnet mir dieser Pardal passieren? Kann man einen Menschen gleichzeitig verachten und so so so lieb haben?

Sie zog sich ganz zurück, fuhr weder zur Ranch noch zum Rappenhof. Sie blieb zu Hause, saß nur herum und spürte überall die Gegenwart ihres Vaters.

«Gehst du heute nicht zu deinen Gäulen?», fragte ihr Bruder.

«Nein», antwortete sie, «ich bleibe heute hier und übe.»

«Was übst du?»

«Unseren Vater zu lieben.»

«Wow!» Der Bruder starrte sie an. «Willst du nicht mit was Leichterem anfangen?»

Dann fasste sie einen Entschluss. Zuerst fuhr sie zum Rappenhof. Da traf sie Sven neben dem Geräteschuppen. Er schlug Nägel in einen großen Kasten, der wie ein kleines Haus aussah.

«Baust du ein Taubenhaus?», fragte sie. «Brieftauben, weil das Handy zu teuer wird?»

«Hühnerstall», sagte er. «Wir haben Glück gehabt, dass Henny und Jenny bis jetzt noch kein Fuchs geholt hat.»

«He! Du wolltest die doch in die Suppe werfen!»

«Ja, aber nicht in die vom Fuchs. Außerdem legen sie jetzt Eier.»

Alberta ging weiter, bis sie Theres fand. Von ihr erfuhr sie die Wahrheit.

«Dicke Luft. Isa ist stinksauer, weil Sven Catalina angegriffen hat, anstatt einfach zuzugeben, dass diese Hengstkämpfe in Island eine Riesenschweinerei waren.»

«Was wird nun aus Bogatyr?»

«Ein Wallach. Meine Mutter will auch, dass er kastriert wird. Wahrscheinlich kann er dann hier leben wie ein ganz normales Pferd.»

«Und Sven baut den Hühnerstall, um Isa zu versöhnen?»

«Korrekt. Isa will den Stall für die Hennen schon lange.»

Dann brachte Alberta ihr Anliegen vor: Lasst uns alle wieder zusammenarbeiten.

«Glaubt mir einfach», verlangte sie zum Schluss, «fragt mich nicht, fragt die Romeros nicht. Glaubt mir einfach: Es gibt einen Grund, sie nicht zu verachten, und ich weiß ihn. Und lasst uns die Show machen.»

So ging sie zu jedem, zu Felix, Christina, Laura, zu allen, am Schluss zu Sven. Danach fuhr sie zum Ulmenhof. Auch da war die Stimmung gedrückt. Grohne-Wilte, Rena und Andreas stritten sich in der Stallgasse.

«Keine Show, kein Geld, keine Paddocks!», sagte Grohne-Wilte. «Ich habe nicht versprochen, dass ich grundsätzlich Paddocks baue, sondern nur, wenn von der Show noch Geld hängen bleibt. Keine Show, kein Geld …»

«Sollen die Pferde dafür büßen, dass wir uns verkracht haben?», schimpfte Rena.

«Reiß du mal den Mund nicht so weit auf», konterte Grohne-Wilte. «Was musst du einen Hengst reiten? Der wär mir sowieso nicht in einen Paddock gekommen. So dicht bei den anderen Pferden. Ein Hengst ist zu ständiger Einzelhaft verurteilt …»

«Sham wird kastriert», unterbrach Rena.

«Was?», fragte Andreas. «He, das ist immer noch mein Pferd.»

«Ich zahle die Operation», bot Rena an.

«Ist das ansteckend?», rief Alberta. «Ich komme gerade vom Rappenhof. Die wollen Bogatyr kastrieren lassen.»

«Das einzig Richtige», stimmte Rena zu. «Die Romeros haben das gut gemacht mit ihren Arabern.»

Alberta griff sofort nach diesem letzten Satz.

«Was ein Beweis dafür ist, dass die Romeros ein Herz für Pferde haben.»

Und dann sagte sie ihren Spruch auf: «Glaubt mir einfach …»

Noch vom Ulmenhof aus rief sie Natalie an. Die Friesenleute hatte sie schnell überzeugt, und am nächsten Tag war das Zirkuszelt auf Lizzys 3D-Ranch nicht mehr leer, sondern voller Menschen, Pferde, Hunde. Und voller bunter Stoffe. Von nun an probten sie mit Kostümen.

In allen Städten und Dörfern rund um den See hingen die Plakate mit dem Foto von dem trabenden Araber, das Janas Vater gemacht hatte, und kündigten den *Himmel auf Pferden* an. Theres hatte keine Angst. Sie war aufgeregt, zum Platzen aufgeregt, als sie die Autoschlange den Weg zur Ranch heraufkriechen sah. Das war nur eine schmale, kaum befestigte Straße, überhaupt nicht ausgelegt für Gegenverkehr. Wenn sich zwei Autos begegneten, musste eins halb ins Feld fahren. Doch an diesem Tag gab es keinen Gegenverkehr. Alle fuhren in dieselbe Richtung, alle hatten nur ein Ziel, und die abgemähte Wiese, die als Parkplatz hergerichtet war, füllte sich mit Fahrzeugen. Ganz vorn war, umzingelt von großen PKWs, ein kleiner erdbeerbonbonfarbener Fleck: Irinas Panda, das einzige Auto in Albertas Familie. Es war gestopft voll gewesen, als es heute kam, mit der Mutter und den beiden Jungen auf dem Rücksitz. Albertas Vater aber stieg aus dem bunten Bonbon wie aus einem schwarzen Rolls Royce, und nachdem er ein paar Meter mit seinem aufrechten Rücken und hoch erhobenem Kopf gegangen war, glaubte jeder, er sei mit dem silbernen Mercedes gekommen, der neben dem Panda stand.

«Meine Tochter ist hier eine Elfe», erzählte er jedem, den er nur ein bisschen kannte. Zum Beispiel Taggy. Klar, der geliebte Klassenlehrer der beiden letzten Schuljahre kam mit seiner Frau und seiner Tochter. Und Felix' Mutter mit ihren beiden jüngeren Söhnen. Die hatte Theres in all den

Jahren nicht ein einziges Mal gesehen. Dass Janas Familie vollständig erschien, war nur normal. Auch Natalies Mutter war Theres schon einmal begegnet. Unbekannt war ihr der Mann, den Natalie etwas verlegen begrüßte. Ihr Vater? Wahrscheinlich. Ihr eigener Vater war nicht da und der von Felix auch nicht. Dann hörte sie einen Jubelschrei von Jana: «Kerstin!!!» Die hätte Theres fast erkannt, so viele Fotos hatte sie anschauen müssen von Kerstin mit Askan, Kerstin mit Dolly.

«Wie geht es Askan?»

«Wie geht es Dolly?»

Natürlich ging es Janas und Felix' alten Lieblingspferden bestens. Und Felix' Mutter kam mit Kerstins Eltern sofort gut ins Gespräch. Kollegen unter sich? So schien es. Kerstins Mutter, die Klinikchefin, und Felix' Mutter, die gerade ihre Ausbildung als OP-Schwester abgeschlossen hatte, begegneten sich auf Augenhöhe.

Und immer mehr Autos. Und immer mehr Menschen. Eine endlose Schlange vor der Kasse.

Nur eine fehlte.

«Wo ist eigentlich Christina?», fragte Felix nicht zum ersten Mal.

«Die kommt ein bisschen später», erklärte Isa, «aber macht euch keinen Kopf, sie kommt. Vielleicht muss Theres Bjalla abreiten.»

Muss? Nichts lieber als das!

Und dann:

«Hi!»

Theres zuckte zusammen. Warum eigentlich? Sie hatte sich doch gewünscht, dass er kommen würde.

«Kein Basketballspiel?», fragte sie.

«Das letzte Spiel haben wir verloren, aber – he! Wir steigen auf!»

«Glückwunsch!»

«Danke. Jetzt will ich dich sehen. Reitest du nun das Märchenpferd?»

«Das nicht, aber ein anderes.»

Und sie erzählte es ihm. Von außen wirkte sie ruhig, doch sie hatte das Gefühl, dass unter der Haut ihr ganzer Körper zitterte. Aber das war nicht wegen Sebastian, und es war auch keine Angst. Die Angst vor dem Auftritt mit dem Berber hatte Catalina ihr genommen.

«Du hast doch keinen Grund mehr, Angst zu haben», hatte sie gesagt. «Das Allerschlimmste, was du jemals mit Pferden erleben wirst, hast du hinter dir.»

Danach zitterte Theres nur noch vor Aufregung. Und das war ein Zittern, das sie durchaus mit Jana teilte.

Als die Vorstellung begann, war Christina immer noch nicht da.

«Sie kommt ja erst nach der Pause dran», sagte Isa. «Theres soll Bjalla warmreiten.»

«Aber wo ist sie?» Felix war ziemlich irritiert. «Sie hat mir nichts gesagt.»

«Überraschung», grinste Isa. «Überraschung.»

«Sie wird operiert!», rief die kleine Diana. «Und dann kommt sie ohne Rollstuhl!»

Isa lachte: «Das geht leider nicht. Aber eine Überraschung bringt sie.»

Vor der Pause klappte alles bestens. Bogatyr war ganz aus der Show rausgeflogen. Ein Prinz weniger für Catalina. Schade um das Märchenpferd und Verschwendung eines guten Reiters, denn Felix ritt jetzt nur noch die Bändernummer. Theres sattelte Bjalla und minutenlang vergaß sie, dass dies nun die Premiere des *Himmels auf Pferden* war. Ihre Bjalla! Bogatyr war schöner, viel prächtiger, aber dies war ihre Bjalla.

Als Christina zum Beginn der Pause immer noch nicht da war, wurde sogar Isa etwas nervös. Und Felix, der nun einen anderen Isländer sattelte, beobachtete immer wieder irritiert seine Mutter, die mit Kerstins Eltern herumlief.

«Warum redet sie die ganze Zeit mit denen?», fragte er.

«Warum sollte sie nicht?», erwiderte Theres.

Felix zuckte die Achseln. Er wirkte ziemlich verwirrt.

Dann endlich! Christinas Vater kam mit dem Rollstuhl um die Scheune gerannt.

«Hat es geklappt?», rief Isa.

Christina winkte mit beiden Armen.

«Erst Felix!», jubelte sie. «Dann Theres!»

Was will sie?, dachte Theres.

Sie erfuhr es bald. Christinas Gespräch mit Felix war strahlend und kurz. Dann gab sie dem Rollstuhl einen Schwung rückwärts, wendete und schoss auf Theres zu. Da hielt sie, holte tief Luft, als wollte sie etwas laut hinausschreien, aber sagte dann leise: «Wir ziehen um.»

Pause. Stille. Stille in der Pause.

Langsam sickerte die Nachricht in Theres' Gehirn. Dann brach ein Tor auf, ein großes zweiflügeliges, ein Scheunen- oder Schlosstor. Und Theres begriff die volle Bedeutung dieser Neuigkeit.

Christina zieht um! Natürlich hierher! Bjalla kommt zurück.

«Ich wollte es euch nicht eher sagen», erklärte Christina,

«weil es so sackschwer war, für uns eine Wohnung zu finden. Muss ja für meinen Rolli passen und darf nicht zu teuer sein. Mein Vater hat doch immer noch keine Arbeit. Wir haben viele Wohnungen angeschaut, richtig gute, aber wir haben sie nicht gekriegt. Manche vermieten nicht an Behinderte. Das sagen sie natürlich nicht laut. Und andere nicht an Arbeitslose. Das sagen sie laut. War ein ziemlicher Frust. Aber jetzt hat's geklappt. Wir mussten da heute hin, weil viele die Wohnung wollten. So nette Vermieter. Du – du verstehst, was das bedeutet?»

Theres nickte.

«Im nächsten Sommer», sagte Christina, «reiten wir zur Stutenweide hinauf, jeden Tag, und besuchen Svala und ihr Fohlen. Ich muss Bjalla reiten, aber du kannst immer neben ihr reiten. Ist das für dich okay?»

«Ja», flüsterte Theres.

«Wir können», Christina lächelte, «wir können da Familie spielen, Pferdefamilie, Vater, Mutter, Fohlen. Svala wird ein windfarbenes Fohlen haben, und du reitest Hrimfaxi, und der sieht ja so aus, als ob er der Vater ist …»

Fühlte Theres einen Stich im Herzen? Weil es für Christina so selbstverständlich war, dass zu einer Familie einer gehörte, der wenigstens so aussah, als sei er der Vater? Ihr eigener Vater war nicht gekommen. War das noch wichtig?

Bjalla kommt zurück, dachte sie.

Dann mussten sie sich sehr beeilen, dass sie auf ihre Ponys kamen. Die erste Nummer nach der Pause war die Bänderquadrille. So kreuzten und entwirrten sich die Bänder beim Tanz um den Maibaum. Sie hatten das lange genug geübt. Niemand machte einen Fehler. Trotzdem fühlte Theres sich

eingewickelt in lauter bunte Glücksbänder, Freundschafts-
bänder.

Weiter geht die Fahrt des Königs und der Prinzessin auf der
Suche nach dem idealen Pferd. Langsam wird es gefährlich
für sie. Bereit zum Überfall stehen die Westernreiter.
Jana sitzt auf Daffodils' Morningcry und hält unschlüssig
ihre Brille in der Hand.
«Was·ist?», fragt David.
«Wo soll ich die hintun?», fragt Jana. «Ich habe nie darüber
nachgedacht.»
«Tu sie doch hin, wo sie hingehört», schlägt David vor. «Auf
die Nase.»
«Ich kann doch nicht als Westernbandit mit Brille auftreten!»
«Also ich gebe die Brille nicht her», meint Lizzy.
Jana schiebt die Brille wieder auf ihre Nase. Sie genießt
den klaren Blick, vor allem, weil sie mitten in der wilden
Nummer zwischen Stops und Spins Kerstins Gesicht genau
sehen kann.
Sie wird Askan alles erzählen, denkt sie.
Danach die Elfenszene. Auch ohne Brille erkennt Alberta
den hingerissenen Blick in den Augen ihrer Schwester.
Na also, denkt sie, Irina hat endlich verstanden, was das ist:
ein Pferd.
Schlussszene. Die Hufspuren verlieren sich nun in der Weite
des *Himmels auf Pferden*. Theres liegt im Theaternebel und
hat immer noch keine Angst. Sie gibt Blesi das Bananenleckerli. Sofort erhebt sich der kleine Isländer und verlässt
die Manege. Tanger ist da. In wabernden Nebelschwaden
sieht Theres Catalinas grinsendes Gesicht.

«Schwester Prinzessin», ruft sie ihr ins Ohr, denn die Musik ist laut, «Zwillingsschwester, ich geh jetzt raus und ich werde klatschen für dich, bis mir die Hände platzen.»

Theres gleitet auf Tangers Rücken. Er ist warm. Wahrscheinlich hat er draußen in der Sonne gestanden, das Südpferd. Die Isländer hat Isa sofort in den Schatten gebracht. Bjalla steht neben Gletta.

Im nächsten Winter wird sie ihr Heu wieder neben Gletta fressen, denkt Theres.

Beim Gedanken an dieses Winterbild fühlt sie eine Wärme, die keine Augustsonne geben kann.

Tanger steht auf. Aus dem Nebel erhebt sich der goldene Berber, Sire del Sol, mit der Prinzessin auf seinem Rücken. Einen Augenblick ist es still im Zelt. Dann fangen alle gleichzeitig an zu klatschen. Aber Theres verpasst ihren Schlussapplaus. In ihren Ohren rauscht ein einziger Gedanke: Bjalla kommt zurück.

UND WIE GEHT'S WEITER?

Geht es denn weiter? Natürlich. Das Leben geht immer weiter. Aber ich verlasse die Mädchen und Jungen, die Pferde und Ponys der drei Reiterhöfe jetzt. Ungefähr ein Jahr ihres Lebens habe ich sie begleitet. Nun ziehe ich mich in einem guten Augenblick zurück. Es geht allen bestens: Jana hat David und ein neues Lieblingspferd. Alberta hat Hamingja und bald deren Fohlen. Pardal? Na ja, der wird mit seiner Familie weiterziehen, aber jetzt gerade hat sie Pardal. Theres und Sebastian? Hm, weiß nicht, was daraus wird. Da bin ich skeptisch. Aber Bjalla kommt zurück! Und ich könnte mir vorstellen, dass Bogatyr, wenn er ein Wallach ist, doch ihr Pferd wird. Ganz besonders freue ich mich darüber, dass Natalie nie wieder das fünfte Eisen am Pferd sein wird. Ja, und dann gibt es da noch ein Problem. Felix hat immer noch keinen Ersatz für Dolly gefunden. Worüber redet seine Mutter denn nun die ganze Zeit mit Kerstins Eltern? Die haben schließlich eine Klinik. Und sie sucht eine Stelle als OP-Schwester. Sollte Kerstins Mutter ihr eine Stelle angeboten haben? Wird Felix zurückkehren zu Dolly? Würde Kerstin das aushalten? Wessen Pferd wäre Dolly dann? Und was würde aus Christina? Darüber will ich lieber nicht nachdenken. Ihr müsst die Geschichte jetzt selber weiterdenken.

Ich habe diese Pferdebuchreihe *Hufspuren* genannt, weil ich nichts anderes tue, als noch einmal den Spuren nachzugehen, die viele Pferde in meinem Leben zurückgelassen haben. Natürlich sind die Geschichten erfunden, aber die Ereignisse, aus denen sie entstanden sind, habe ich fast alle erlebt. Glaubt mir, es ist mir entsetzlich schwer gefallen, das Kapitel, in dem Morisco stirbt, zu schreiben. Aber ich musste das tun. Das wollte erzählt werden, weil ich so etwas Ähnliches einmal erlebt habe. Es war bei einem internationalen Springturnier. Ich war ungefähr so alt wie ihr jetzt. Im Stechen um den Großen Preis, zwischen dem Oxer und dem Steilsprung, fiel ein Pferd plötzlich um und starb vor den Augen von vielleicht 50 000 Zuschauern. Es war grauenhaft. Ich habe nie erfahren, woran das Pferd gestorben ist.

Übrigens: Zuerst wollte ich die Reihe anders nennen: *Frislandaloosa*, aber alle meinten, da sei zu rätselhaft. Stimmt das? Ich würde eigentlich vermuten, die richtigen Pferdekenner unter euch durchschauen das Wort und erkennen schnell, welche Pferderassen darin enthalten sind. Außerdem sind ja in den sechs Bänden der *Hufspuren* alle einmal vorgekommen. Mögt ihr das Rätsel lösen? Dann schreibt mir: christaludwig@gmx.de

Ich bin in vielen verschiedenen Städten in vielen sehr verschiedenen Reitställen gewesen. Die meisten guten und schönen Erlebnisse, die in diese *Hufspuren* eingegangen sind, habe ich da erlebt, wo ich heute noch wohne. So möchte ich mich sehr herzlich bedanken bei:
Ulla Thiersch von Keiser und Dr. Petra Baurmann von der Reitschule Rengoldshausen in Überlingen am Bodensee, wo ich neben Islandpferden und iberischen Pferden auch den goldenen Berber kennenlernte,
und
Gaby Matscheko vom Islandpferdehof Hegau bei Stockach im Bodenseehinterland, wo jetzt mein Islandpferd wohnt.
Und ich danke auch Gabys Malamut-Mix-Hündin Mysla, die ihrer Hundefreundin Mana genauso wie hier beschrieben ein rohes Hühnerei schenkte.

Mein besonderer Dank aber gilt diesen meinen Freunden, ohne die diese Bücher nicht entstanden wären:
Inka, Dolly, Oro, Beaujolais, Obelisk, Suleika, Silber, Tamino, Grande, Bjalla, Thokkadis, Menja, Skuggi, vor allem aber: Gletta und Starkadur.

Amber Champagne	Sehr seltene Pferdefarbe, Mähne und Schweif sind dunkler als der Körper, wie heller und dunkler Bernstein.
Andalusier	Pferderasse aus Andalusien, heißt richtig: Pura Raza Española, das bedeutet so viel wie «Spanisches Vollblut».
Appaloosa	Ursprünglich von Indianern gezüchtete bunte Pferde, die meist vorn dunkel und hinten hell sind.
Auftrensen	Einem Pferd die Trense anlegen.
Berber	Sehr edles nordafrikanisches Pferd.
Berittpferd	Einem erfahrenen Reiter zur Ausbildung anvertrautes Pferd.
Buckskin	Hellbraunes Pferd mit dunkler Mähne und dunklem Schweif, in Island heißt diese Farbe ‹erdfarben›, hier sagt man meist ‹Falbe›, ein Falbe hat aber einen Aalstrich, einen dunklen Strich über den ganzen

	Rücken von der Mähne zum Schweif, ein Buckskin hat keinen Aalstrich.
Cushing Syndrom	In letzter Zeit häufiger bei Pferden festgestellte Krankheit, wird durch eine Fehlsteuerung im Gehirn ausgelöst. Die Pferde werfen das Winterfell nicht ab, bekommen lockige lange Haare, magern ab und werden anfällig für viele, zum Teil lebensgefährliche Krankheiten.
Doppelmähne	Nach beiden Seiten fallende Mähne.
Fliegender Wechsel	Vom Rechtsgalopp in den Linksgalopp umspringen (oder umgekehrt), ohne dazwischen Trab oder Schritt zu gehen.
Gewichtshilfe	Durch Verlagerung des Gewichts wirkt der Reiter auf das Pferd ein und sagt ihm damit, was es tun soll.
Halbblut	Pferd, bei dem ein Elternteil ein Vollblüter ist.
Kaltblut	Schweres Arbeitspferd
Kandare	Meist beim Dressurreiten benutztes Zaumzeug, am Gebissstück sind Hebel, die die Wirkung verstärken.
Levade	Dressurlektion der Hohen Schule, das Pferd erhebt sich auf den Hinterbeinen und kann so stehen bleiben.
Lusitano	Portugiesisches Pferd, eng verwandt mit dem Andalusier aus Spanien.
Offenstall	Die Pferde leben nicht in Boxen, sondern in Gruppen in einem offenen Stall, den sie nach Belieben verlassen können, sie gehen dann in ihren Paddock.
Paddock	Eingezäunter Auslauf für Pferde
Palomino	So nennt man bei den Westernpferden isabellfarbene Pferde. Der Körper ist gelblich, kann einen Goldschimmer haben; Mähne und Schweif sind weißlich, können einen Silberschimmer haben.
Passage	Schwierige Dressurlektion, das Pferd trabt sehr langsam und scheint einen Augenblick reglos zu schweben.
Piaffe	Schwierige Dressurlektion, das Pferd trabt auf der Stelle.
Pirouette	Schwierige Dressurlektion, das Pferd galoppiert mit den Vorderbeinen in kleinstem Kreis um die Hinterbeine, die fast auf der Stelle galoppieren.
Quadrille	Eine Gruppe Reiter formiert sich zu wechselnden Figuren.

Quarter Horse	Westernpferde, wurden von Cowboys beim Einfangen der Kälber geritten, sehr wendige Pferde, die enorm beschleunigen können.
Reitbeteiligung	Ein Reiter übernimmt Kosten an einem Pferd und darf es reiten.
Rennpass	Spezielle Gangart einiger Pferderassen (Isländer).
Shetty	Shetland Pony, sehr kleine Ponyrasse.
Sliding Stop	Übung der Westernreiterei: sehr plötzlicher Halt aus vollem Galopp, das Pferd setzt sich fast wie ein Hund und rutscht auf den Hinterbeinen.
Spanischer Schritt	Dressurlektion der Hohen Schule, das Pferd schreitet langsam vorwärts und hebt dabei die Vorderbeine sehr hoch.
Spins	Übung der Westernreiterei, das Pferd dreht sich sehr rasch um die Hinterbeine.
Tölt	Der 4. Gang einiger Pferderassen, z. B. Isländer, so etwa wie ein sehr schnelles Gehen, das Pferd hat immer mindestens ein Bein am Boden, darum ist diese Gangart so bequem zu sitzen, aber nicht ganz leicht zu reiten.
Transportgamaschen	Zum Schutz vor Verletzungen legt man dem Pferd beim Transport gepolsterte Gamaschen an.
Traversale	Das Pferd geht seitwärts, die Beine überkreuzen sich, es schaut in die Richtung, in die es sich bewegt.
Vollblut	Edle, sehr elegante Pferderasse, es gibt arabische Vollblüter und englische.
Warmblüter	Sportpferderasse
Westernkandare	Zaumzeug mit Stangengebiss und Hebelwirkung.
westernreiten	Reitweise nach Art der amerikanischen Cowboys.
windfarben	Bei nur wenigen Pferderassen gibt es diese Farbe, der Körper ist dunkel, Mähne und Schweif sind silberhell.
Zügel aus der Hand kauen lassen	Ein Pferd, das mit der Zügelführung seines Reiters zufrieden ist, kaut auf dem Gebissstück. Am Ende einer Reitstunde darf es den Hals lang machen, der Reiter lässt die Zügel durch die Finger gleiten, das Pferd ‹kaut die Zügel aus der Hand›.

CHRISTA LUDWIG

Christa Ludwig wurde 1949 in Wolfhagen bei Kassel geboren. Nach dem Studium der Germanistik und Anglistik in Münster und Berlin unterrichtete sie zunächst einige Jahre Deutsch und Englisch. Ab 1988 begann sie Jugendbücher zu schreiben. Mit dem historischen Roman *Der eiserne Heinrich* ist sie bekannt geworden. Sie reitet seit ihrer Jugend und hat Pferde aus vielen verschiedenen Ländern kennengelernt. Ihre eigenen Erlebnisse mit Pferden – schöne wie auch erschreckende – sind in die Geschichten eingeflossen, die sie in ihrer Reihe *Hufspuren* erzählt. Fünf Bände sind bereits erschienen: *Fliegender Wechsel, 136 Hufe zu viel, Vier Beine für Christina, Geschecktes Glück* und *Das Feuerfohlen*. Christa Ludwig hat drei erwachsene Söhne. Sie lebt mit ihrem Mann und einem Islandpferd in der Nähe des Bodensees. Im Verlag Freies Geistesleben sind von ihr außerdem erschienen: *Ein Lied für Daphnes Fohlen, Blitz ohne Donner, Carlos in der Nacht* und *Die siebte Sage*.

HUFSPUREN
Christa Ludwig
Fliegender Wechsel
VERLAG FREIES GEISTESLEBEN

HUFSPUREN
Christa Ludwig
136 Hufe zuviel
VERLAG FREIES GEISTESLEBEN

HUFSPUREN
Christa Ludwig
Vier Beine für Christina
VERLAG FREIES GEISTESLEBEN

HUFSPUREN
Christa Ludwig
Geschecktes Glück
VERLAG FREIES GEISTESLEBEN

HUFSPUREN
Christa Ludwig
Das Feuerfohlen
VERLAG FREIES GEISTESLEBEN

HUFSPUREN
Christa Ludwig
Der Himmel auf Pferden
VERLAG FREIES GEISTESLEBEN

LÄUFSPUREN